49,00

OS CHAKRAS

Charles W. Leadbeater

OS CHAKRAS

Tradução:
Rafael Henrique Cerqueira

EDITORA
TEOSÓFICA

THEOSOPHICAL PUBLISHING HOUSE
Adyar, Madras 600 020, Índia
Primeira Edição 1927

Nota da Edição Inglesa:
Com a preparação dessa edição para publicação, algumas notas de rodapé foram adicionadas e algumas frases foram omitidas, pois eram relevantes apenas na época da publicação original. Exceto por pequenas correções editoriais, o livro aparece na mesma forma em que foi primeiramente publicado em 1927.

Direitos Reservados à
EDITORA TEOSÓFICA
SIG Quadra 6, Nº 1235
70.610-460 - Brasília-DF - Brasil
Tel.: (61) 3322-7843
E-mail: editorateosofica@editorateosofica.com.br
Site: www.editorateosofica.com.br
Instagram: *@editorateosofica*
Whatsapp: 61 98613-4906

L 343   Leadbeater, C. W.

Os *chakras*, C. W. Leadbeater
Tradução: Rafael Henrique Cerqueira. 1ª ed.
Brasília: Editora Teosófica, 2020.

Tradução de : *The chakras*

ISBN: 978-65-990758-6-5

1.   Teosofia
II.   Título

CDU 141.332

Tradução: Rafael Henrique Cerqueira
Revisão editorial: Ricardo Lindemann e
Zeneida Cereja da Silva
Diagramação: Ana Paula Cichelero
Capa: Marcos Queiroz
Impressão:Gráfika Papel e Cores - Fone: (61) 3344-3101 (1Reimp2024)
E-mail: comercial@grafikapapelecores.com.br

SUMÁRIO

Prefácio da Edição Brasileira......................7

Prefácio da Primeira Edição Inglesa......................13

CAPÍTULO 1 – OS CENTROS DE FORÇA......................17

O Significado da Palavra – Explicações Preliminares – O Duplo Etérico – Os Centros – A Forma dos Vórtices – As Ilustrações – O *Chakra* Básico – O *Chakra* do Baço (Esplênico) – O *Chakra* do Umbigo (Umbilical) – O *Chakra* do Coração (Cardíaco) – O *Chakra* da Garganta (Laríngeo) – O *Chakra* da Testa (Frontal) – O *Chakra* da Coroa (Coronário) – Outras Considerações sobre os Centros.

CAPÍTULO 2 – AS FORÇAS......................42

A Força Primária ou Energia Vital – O Fogo-Serpentino – Os Três Canais da Coluna Vertebral – O Casamento das Forças – O Sistema Simpático – Os Centros e a Coluna Vertebral – Vitalidade – O Glóbulo de Vitalidade – O Suprimento de Glóbulos – Forças Psíquicas.

CAPÍTULO 3 – A ABSORÇÃO DE VITALIDADE......................71

O Glóbulo – O Raio Azul-Violeta – O Raio Amarelo – O Raio Verde – O Raio Rosa – O Raio Vermelho-Alaranjado – Os Cinco *Prāna-Vāyus* – Vitalidade e Saúde – O Destino dos Átomos Vazios – Vitalidade e Magnetismo.

Os Chakras 5

CAPÍTULO 4 –
O DESENVOLVIMENTO DOS *CHAKRAS*.................89

As Funções dos Centros Despertos – Os Centros Astrais – Sentidos Astrais – O Despertar da *Kundalinī* – O Despertar dos *Chakras* Etéricos – Clarividência Casual – O Perigo do Despertar Prematuro – O Despertar Espontâneo da *Kundalinī* – Experiência Pessoal – A Tela Etérica – Os Efeitos do Álcool e das Drogas – O Efeito do Tabaco – A Abertura das Portas.

CAPÍTULO 5 – O *LAYA YOGA*......................................110

Os Livros Hindus – A Lista Indiana de *Chakras* – As Figuras dos *Chakras* – O *Chakra* do Coração – As Pétalas e Letras – As Mandalas – Os *Yantras* – Os Animais – As Divindades – A Meditação do Corpo – Os Nós – O Lótus Secundário do Coração – Efeitos da Meditação no Coração – *Kundalinī* – O Despertar da *Kundalinī* – A Ascenção da *Kundalinī* – O Objetivo da *Kundalinī* – Conclusão.

PREFÁCIO DA EDIÇÃO BRASILEIRA

Charles Webster Leadbeater (Stockport, 1847 – Perth, 1934) foi um dos maiores clarividentes do Século XX, particularmente pelas evidências apresentadas, em uma linguagem científica, através da publicação de seu livro *Occult Chemistry (Química Oculta)*, em 1908, em coautoria com a Dra. Annie Besant.

Em *Os Chakras*, publicado originalmente em 1927, o autor apresenta o resultado de suas investigações sobre estes centros de força, que são portais para outras dimensões, e se localizam no Corpo Vital ou Duplo Etérico do ser humano, também chamado, na Filosofia Vedanta, de *Prānamayakosha*. Leadbeater também descreve a absorção dos diversos tipos de energia vital ou *prāna* e sua circulação entre os *chakras*. Dentre os sete *chakras* principais, aquele *chakra* frontal que se encontra aproximadamente entre as sobrancelhas é o responsável pela clarividência. Foi através desta faculdade paranormal plenamente desenvolvida que o autor fez pessoalmente as detalhadas investigações clarividentes que tornaram este livro um clássico no gênero.

O pleno desenvolvimento ou atualização dos sete *chakras*, que têm origem na coluna vertebral e se relacionam com os principais plexos nervosos do corpo físico e suas respectivas glândulas, depende do despertar de uma poderosa energia conhecida como fogo-serpentino ou *kundalinī*. No ser humano comum, esta energia costuma estar adormecida na base da coluna e ser dissipada no ato generativo.

O despertar do poder do fogo-serpentino ou *kundalinī* envolve uma questão moral, como afirma Leadbeater em *Os Chakras*: A força é uma realidade tremenda, um dos grandes fatos da Natureza, e muito enfaticamente não é uma coisa para se brincar, não é um assunto para se ter à mão despreocupadamente, pois "manejá-la sem entendê-la é bem mais perigoso do que seria para uma criança brincar com nitroglicerina. Como é muito verdadeiramente dito no *Hatha Yoga Pradipika*: 'Ela dá libertação para os iogues e escravidão para os tolos'.[1]"[2]

Também costumava citar *Aos Pés do Mestre*:

Não desejes os poderes psíquicos; eles virão quando o Mestre entender ser melhor para ti possuí-los. Forçá-los muito cedo traz em seu treinamento, frequentemente, muitas perturbações; e seu possuidor muitas vezes é desorientado por enganosos espíritos da Natureza, ou torna-se vaidoso e julga-se isento de cometer erros; em qualquer caso, o tempo e a energia despendidos em adquiri-los poderiam ser utilizados em trabalho para os outros. Eles virão no curso do teu desenvolvimento – eles têm de vir; e se o Mestre entender que seria útil para ti possuí-los mais cedo, Ele te ensinará como desenvolvê-los com segurança. Até então, estarás melhor sem eles.[3]

Devido a essa faculdade paranormal extraordinariamente desenvolvida pelo autor, o livro *Clarividência* (Ed. Teosófica), publicado originalmente em 1899, é um clássico difícil de superar e uma referência para todos os interessados no tema. Foi redigido com a simplicidade didática característica de Leadbeater, sendo por ele divido segundo a capacidade da visão empregada em três classes principais, a saber: a Clarividência simples (a mera expansão da visão ao que ocorra estar ao redor do

---

[1] *Hatha Yoga Pradipika*, III: 107.
[2] LEADBEATER, C. W. *Os Chakras*. Brasília: Ed. Teosófica, 2020, p.100.
[3] KRISHNAMURTI, J. *Aos Pés do Mestre*. Brasília: Ed. Teosófica, 9ª ed., 2017, p. 46.

vidente), a clarividência no espaço (o poder de projetar a visão em direção a cenas ou acontecimentos afastados do vidente no espaço) e clarividência no tempo (o poder de ver o passado e futuro), bem como seus métodos de desenvolvimento e seu domínio (se é intencional, semi-intencional ou não intencional).

Leadbeater oferece uma visão panorâmica de como se pode descrever o mundo visto por uma clarividência plenamente desenvolvida na obra *O Lado Oculto das Coisas* (Ed. Teosófica), que merece recomendação. Nela o autor revela uma infinidade de fatores visíveis e invisíveis, que se mostram favoráveis ou desfavoráveis, classificados logicamente em várias seções: Como Nós Somos Influenciados; Como Nos Influenciamos a Nós Mesmos; e Como Nós Influenciamos os Outros. Suas considerações no subcapítulo sobre Meditação apresentam importantes referências práticas para todos, e apontam para o caminho do desenvolvimento da clarividência com segurança.

Tais temas suscitam também a investigação sobre as questões fundamentais da predestinação e do livre-arbítrio, e o próprio sentido da vida em evolução, pois Leadbeater não considerava a clarividência como um fim em si mesmo, mas como um meio de auxílio altruísta, bem como de pesquisa e evidência da Sabedoria Divina ou Teosofia, que ele pretende resumir em três grandes verdades básicas em seu artigo *A Atitude Teosófica*, que foi publicado como apêndice de *A Gnose Cristã* (Ed. Teosófica):

> ...que Deus é bom, que o homem é imortal, e que o que ele semear, isso também ele colherá. (...) Para o estudante mediano, essa certeza chega somente como resultado da convicção intelectual de que deve ser assim – que a evidência a favor dela é mais forte do que a oferecida contra ela.[4]

---

[4] LEADBEATER, C. W. *A Atitude Teosófica* em: *A Gnose Cristã*. 3ª ed. Brasília: Teosófica, 2019. p. 252-259.

Sobre a prova ou evidência a favor dessas verdades espirituais, ele afirma que "existe, e existe em quantidade esmagadora; porém como muito dela depende de evidência clarividente, o homem que desejar examiná-la terá de satisfazer-se considerando a possibilidade da clarividência existir."[5]

O mais recente reconhecimento da comunidade científica à clarividência, talvez o maior de todos os tempos, além da publicação de vários livros a respeito por outros cientistas, foi o artigo[6] do Dr. Jeff Hughes da Universidade de Manchester, na revista científica *Physics World*, publicado em setembro de 2003, sobre a obra *(Occult Chemistry) Química Oculta* supramencionada, de autoria do Bispo + C.W. Leadbeater e da Dra. Annie Besant. Nesta obra de pesquisa clarividente sobre a natureza da matéria e suas diversas dimensões mais sutis, que foi publicada em 1908, são apresentadas evidências, dentro de uma linguagem científica, com extraordinárias antecipações de diversas descobertas científicas. Entre estas descobertas científicas que foram assim antecipadas nesta obra, ainda em 1908, destacam-se particularmente o isótopo do gás neon, chamado 'metaneon' (1913), bem como a descoberta dos isótopos do hidrogênio (1932-1934), e de outros elementos então desconhecidos pela ciência moderna e seu respectivo peso atômico, e principalmente dos *quarks* (1964).

Leadbeater, em outras obras, também apresenta uma visão panorâmica do pensamento teosófico sobre os planos ou dimensões da Natureza, o ciclo da vida e da morte, o *karma* e a evolução orientada pela Hierarquia Oculta. Para quem desejar o detalhamento destes temas pelo mesmo estilo leve e simples, pode-se sugerir outros

---

[5] *Ibidem*, p. 258-259.
[6] HUGHES, Jeff. *Occultism and the atom: the curious story of isotopes. Physics World*, Bristol, UL, p. 31-35, Sept. 2003. (ISSN: 0953-8585).

livros de sua autoria, tais como: *O Plano Astral, A Vida Interna, A Gnose Cristã,* e *Os Mestres e a Senda* (Ed. Teosófica), respectivamente.

Agradecimentos são devidos a todos que de alguma forma contribuíram para esta inspiradora edição.

Brasília, 03 de setembro de 2020.

+ Ricardo Lindemann
Mestre em Filosofia
Diretor da Editora Teosófica
Ex-Presidente da
Sociedade Teosófica no Brasil

PREFÁCIO DA PRIMEIRA EDIÇÃO INGLESA

Quando um homem começa a desenvolver os seus sentidos, de forma que ele possa ver um pouco mais do que todo mundo vê, surge diante dele um mundo novo e fascinante, e os *chakras* estão entre os primeiros objetos neste mundo a atraírem sua atenção. Seus colegas se apresentam com um novo aspecto; ele percebe muito a respeito deles que estava previamente escondido de seus olhos e, dessa forma, ele é capaz de entendê-los, de apreciá-los e (quando necessário) de ajudá-los de forma muito melhor do que podia antes. Os pensamentos e as emoções dos colegas são expressados claramente perante seus olhos em cor e forma; o estágio de desenvolvimento e a condição de saúde deles tornam-se fatos óbvios ao invés de meros assuntos de inferência. O colorido brilhante e o movimento rápido e incessante dos *chakras* os trazem de imediato à sua observação, e ele naturalmente quer saber o que eles são e o que eles significam. O objetivo desse livro é prover uma resposta para essas perguntas e dar àqueles que ainda não fizeram nenhuma tentativa de despertar suas faculdades adormecidas alguma ideia de, pelo menos, parte daquilo que é visto por seus irmãos mais afortunados.

Para aclarar preliminarmente inevitáveis equívocos, vamos deixar definitivamente entendido que não existe nada fantasioso ou não natural em relação à visão que permite a alguns homens perceberem mais do que outros. É simplesmente uma extensão das faculdades das quais estamos todos acostumados, e adquirir isso é se fazer sensitivo a vibrações mais rápidas do que aquelas que os nossos sentidos físicos estão normalmente treinados a responder. Essas faculdades virão para todos no devido curso da evolução, mas alguns de nós tiveram o trabalho especial de desenvolvê-las agora, antecipados aos demais, com o custo de muitos anos de um trabalho mais duro do que a maioria das pessoas estaria disposta a enfrentar.

Eu sei que existem muitos homens no mundo que ainda estão bastante atrasados no tempo, de forma a negarem a existência de tais poderes, assim como ainda existem aldeões que nunca viram um trem de estrada de ferro. Eu não tenho nem tempo nem espaço para argumentar com tamanha ignorância invencível. Eu só posso sugerir uma pesquisa ao meu livro sobre *Clairvoyance*[7] ou pontuar alguns livros de outros autores sobre o mesmo tema. Todo o caso foi provado centenas de vezes, e ninguém mais, capaz de pesar o valor de evidências, pode ficar em dúvida.

Muito já foi escrito sobre os *chakras*, principalmente em sânscrito ou em algum dos vernáculos indianos. Apenas recentemente alguma referência a eles apareceu em inglês. Eu mesmo os mencionei no livro *The Inner Life*[8] em 1910. Desde então, o trabalho magnífico do Sr. John Woodroffe, *The Serpent Power*[9], foi publicado, e alguns dos outros livros indianos foram traduzidos. Os desenhos simbólicos dos *chakras*, usados pelos iogues indianos, foram reproduzidos no livro *The Serpent Power*, mas, até onde eu sei, as ilustrações que eu apresento nesse livro são a primeira tentativa de representá-los como eles realmente aparecem para aqueles que podem vê-los. De fato, é principalmente

---

[7] Theosophical Publishing House. (Nota da Ed. Inglesa) LEADBEATER, C. W., *Clarividência*. Brasília: Editora Teosófica, 2013. (Nota Ed. Bras.)
[8] LEADBEATER, C. W. *A Vida Interna*. Brasília: Ed. Teosófica, 1996. (Nota Ed. Bras.)
[9] The Theosophical Publishing House. (Nota Ed. Inglesa)

para colocar perante o público está boa série de desenhos de meu amigo Reverendo Edward Warner que eu escrevo esse livro. Eu espero expressar minha profunda dívida por todo o tempo e trabalho que ele devotou aos desenhos. Eu também tenho que agradecer ao meu incansável colaborador, o professor Ernest Wood, pela coleta e inserção de todas as valiosas informações relacionadas às visões indianas sobre nosso assunto, contidas no Capítulo 5.

Estando muito ocupado com outro trabalho, minha intensão foi meramente a de coletar e reimprimir, como notas tipográficas, com as ilustrações anexas, os vários artigos que há muito tempo eu escrevi sobre o assunto. No entanto, ao olhar para elas, certas questões me vieram como sugestão, e uma pequena investigação me colocou em posse de fatos adicionais, que eu devidamente incorporei. Um ponto interessante é que tanto o glóbulo-vitalidade quanto o anel-*kundalinī* foram observados pela Dra. Annie Besant e catalogados como elementos [do tipo] hipermetaproto há muito tempo, em 1895, embora nós não os tenhamos seguido longe o suficiente para descobrir suas relações um com o outro e o papel importante que eles têm na economia da vida humana.

Charles Webster Leadbeater

CAPÍTULO 1
OS CENTROS DE FORÇA

O SIGNIFICADO DA PALAVRA

A palavra *chakra*, em sânscrito, significa "roda". Também é usada em vários sentidos subsidiários, derivativos e simbólicos, assim como o seu equivalente em inglês. Assim como podemos falar sobre a roda do destino, também o budista fala sobre a roda da vida e da morte, descrevendo o primeiro grande sermão no qual o Senhor Buda expôs sua doutrina como *Dhamma-chakkappavattana Sutta*[10], a qual o professor Rhys Davids poeticamente apresenta como "fazer rolar a roda da carruagem real de um império universal de verdade e retidão". Esse é exatamente o espírito do significado que a expressão transmite para o devoto budista, embora a tradução literal das palavras seja "o rolar das rodas da lei". O uso especial da palavra *chakra*, com o qual nós estamos preocupados no momento, é a aplicação para uma série de vórtices semelhantes a rodas que existem na superfície do Duplo Etérico do homem.

EXPLICAÇÕES PRELIMINARES

Como esse livro pode provavelmente cair nas mãos de alguém que não está familiarizado com a terminologia teosófica, inserimos aqui algumas palavras de explicações preliminares.

---

[10] *Chakka*: o equivalente em páli para o sânscrito *chakra*. (Nota da Ed. Inglesa.)

Em conversações comuns e superficiais, o homem às vezes menciona sua alma (insinuando que o corpo pelo qual ele fala é o homem real, e que esse algo chamado alma é uma posse ou apanágio do corpo), uma espécie de balão cativo que flutua sobre ele e, de forma vaga, está anexa a ele. Essa é uma afirmação solta, imprecisa e enganosa. O exato oposto é verdadeiro. O homem é uma alma e possui um corpo (vários corpos, de fato). Pois, além do veículo visível pelo qual ele opera suas atividades com seu mundo inferior, ele tem outros que não são visíveis para a visão ordinária, com os quais ele lida com o mundo emocional e mental. Com esses, entretanto, nós não vamos nos preocupar no momento.

No decurso do último século, enormes avanços foram feitos em nosso conhecimento sobre os minúsculos detalhes do corpo físico. Estudantes de medicina estão familiarizados com as desconcertantes complexidades e possuem ao menos uma ideia geral da forma pela qual seu surpreendentemente intrincado maquinário funciona.

O DUPLO ETÉRICO

Naturalmente, os estudantes de Medicina, entretanto, tiveram que confinar a sua atenção para a parte do corpo que é densa o suficiente para ser visível aos olhos, e a maioria deles está provavelmente inconsciente da existência deste tipo de matéria ainda física, embora invisível, a qual, em Teosofia, nós damos o nome de etérica[11]. Esta parte invisível do corpo físico é de grande

---

[11] Não deve ser confundido com o "éter" que alguns consideram [em 1927] ser um meio para as ondas eletromagnéticas. (Nota Ed. Inglesa)

importância para nós, pois é o veículo pelo qual fluem as correntes de vitalidade, que mantém o corpo vivo. Sem ele servindo como uma ponte para transmitir ondulações de pensamentos e emoções do Plano Astral para a matéria física mais densa visível, o Ego[12] não poderia fazer uso das células de seu cérebro. Ele é claramente visível para o clarividente como uma massa de névoa cinza-violeta fracamente luminosa, interpenetrando a parte mais densa do corpo e se estendendo muito levemente além dele.

A vida do corpo físico é uma perpétua mudança e, para que ele possa viver, precisa constantemente ser suprido por três diferentes fontes. Ele precisa de alimento para digestão, de ar para respiração e de vitalidade em três formas para absorção. Essa vitalidade é essencialmente uma força, mas, quando revestida com matéria, ela nos parece como se fosse um elemento químico altamente refinado. Ela existe em todos os planos, mas a nossa tarefa para o momento é considerar a sua manifestação no mundo físico.

Para entender isso, nós devemos saber algo sobre a constituição e o arranjo dessa parte etérica de nossos corpos. Eu escrevi sobre esse tema, há muitos anos, em vários volumes, e o Coronel Arthur Edward Powell recentemente recolheu todas as informações até então publicadas, colocando-as em um livro chamado *The Etheric Double*[13]

---

[12] Individualidade não deve ser confundida com o uso do termo em Psicologia. (Nota Ed. Inglesa) O Ego Superior reincarnante equivale à alma imortal do ser humano; diferentemente do ego inferior mortal referido na Psicologia. (Nota Ed. Bras.)

[13] The Theosophical Publishing House (Nota Ed. Inglesa). POWELL. A. P. O *Duplo Etérico*. Brasília: Ed. Teosófica, 2019. (Nota Ed. Bras.)

OS CENTROS

Os *chakras*, ou centros de força, são pontos de conexão nos quais a energia flui de um veículo ou corpo de um homem para outro. Quem quer que possua o menor grau de clarividência pode facilmente vê-los no Duplo Etérico, onde eles se mostram como depressões semelhantes a pires ou vórtices em sua superfície. Quando consideravelmente subdesenvolvidos, eles aparecem como pequenos círculos por volta de 5 cm em diâmetro, brilhando opacamente no homem comum. Porém, quando despertos e vivificados, eles são vistos como ígneos e coruscantes turbilhões, muito crescidos em tamanho e lembrando sóis em miniatura. Nós algumas vezes falamos sobre eles como correspondendo aproximadamente a certos órgãos físicos. Na realidade, eles se mostram na superfície do Duplo Etérico, que se projeta um pouco além do contorno do corpo denso. Se nós nos imaginarmos olhando diretamente para baixo para a corola de uma convolvulácea, vamos ter uma ideia da aparência geral do *chakra*. A haste da flor, em cada *chakra*, nasce de um ponto na coluna vertebral, de forma que outro ponto de vista pode mostrar a coluna como um tronco central (veja a Ilustração 8), da qual flores brotam em intervalos, mostrando a abertura de suas corolas na superfície do corpo etérico.

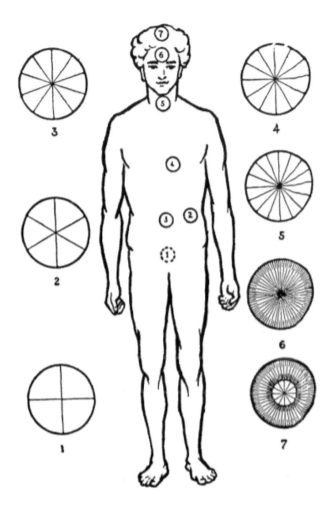

Figura 1 - Os *Chakras*

SITUAÇÃO	NOME EM SÂNSCRITO	NOME EM PORTUGUÊS
Na base da coluna vertebral	*Mūladhāra*	*Chakra* raiz ou básico
Sobre o baço	Nota [14]	*Chakra* do baço ou esplênico
No umbigo, sobre o plexo solar	*Manipūra*	*Chakra* do umbigo
Sobre o coração	*Ānāhata*	*Chakra* do coração
Na frente da garganta	*Vishuddha*	*Chakra* laríngeo
Entre as sobrancelhas	*Ajñā*	*Chakra* frontal
No alto da cabeça	*Sahasrāra*	*Chakra* coronário

Tabela 1 - Nomes dos *chakras*

A Figura 1 representa os sete centros nos quais estamos interessados no momento. A Tabela 1 dá seus nomes em português e em sânscrito. Todas estas rodas estão perpetuamente girando. Para dentro do cubo da roda ou boca aberta de cada *chakra*, uma força vinda dos mundos superiores está sempre fluindo – uma manifestação da corrente de força emitida pelo Segundo Aspecto do *Logos* Solar – que nós chamamos de força primária. Essa força é séptupla em sua natureza. Todas as suas formas operam em cada um dos centros, embora usualmente um deles predomine sobre os outros em cada caso. Sem essa entrada súbita de energia, o corpo físico não poderia existir. Dessa forma, os centros estão em operação em todas as pessoas, embora nas pessoas não desenvolvidas eles estejam em geral em movimento comparativamente lerdo, apenas

---

[14] O *chakra* do baço não está indicado nos livros da Índia, e em seu lugar aparece um centro chamado *Svādhisthāna*, situado próximo aos órgãos genitais ao qual se assinalam as mesmas seis pétalas. Em nosso entender, o despertamento deste centro deve considerar-se como um infortúnio pelos graves perigos com ele relacionados. No plano egípcio de desenvolvimento, se tomavam elaboradas precauções para evitar tal despertamento. (Nota Ed. Inglesa.)

formando o vórtice necessário para a força e não mais. Em um homem mais evoluído, eles podem estar brilhando e pulsando com luz viva, de forma que uma quantidade enormemente maior de energia passa por eles, com o resultado da existência de faculdades e possibilidades adicionais abertas para o homem.

A FORMA DOS VÓRTICES

Esta energia divina, que verte para cada centro, vinda de fora, estabelece, em ângulos retos em relação a si mesma (isso quer dizer, na superfície do Duplo Etérico), forças secundárias em movimento ondulatório circular, assim como uma barra magnética impulsionada em uma bobina de indução produz uma corrente de eletricidade que flui ao redor da bobina em ângulos retos em relação ao eixo ou direção do ímã. A própria força primária, tendo entrado no vórtice, irradia dele novamente, em ângulos retos e em linhas retas, como se o centro do vórtice fosse o cubo de uma roda, e as irradiações da força primária fossem seus raios. Por esses raios, a força parece ligar os corpos astral e etérico juntos, como se fossem ganchos. O número desses raios é diferente em cada um dos centros de força e determina o número de ondas ou pétalas que eles exibem. Em função disso, estes centros foram frequentemente descritos de forma poética em livros orientais como se assemelhando a flores.

Cada uma das forças secundárias que se movimentam ao redor da depressão, similar a um pires, tem seu próprio comprimento de onda característico, assim como tem a luz de uma certa cor; mas, no lugar de se mover em linha reta como faz a luz, elas se movem ao longo de ondulações relativamente largas de vários tamanhos, sendo cada uma múltipla dos comprimentos de

Os Chakras 23

onda menores em seu interior. O número de ondulações é determinado pelo número de raios na roda e pelas próprias ondas secundárias de força, por baixo e por cima da corrente radiante da força primária, assim como o trabalho realizado na fabricação de um cesto pode ser tecido ao redor dos raios da roda de uma carruagem. Os comprimentos de onda são infinitésimos. Provavelmente milhares deles estão incluídos dentro de uma ondulação. Ao passo que as forças avançam ao redor do vórtice, estas ondulações, de diferentes tamanhos, cruzando umas contra as outras, a estilo do trabalho que é realizado em um cesto, produzem a forma que se parece com uma flor à qual me referi anteriormente. Os *chakras* se parecem, talvez, ainda mais com a aparência de certos pires ou vasos rasos de vidro ondulado iridescente, como os fabricados em Veneza. Todas estas ondulações ou pétalas possuem esse efeito cintilante semelhante a um pavão, como madrepérola. Mesmo assim, cada um possui usualmente sua própria cor predominante, como será visto em nossas ilustrações. Esse aspecto prata nacarado é comparado, nos tratados em sânscrito, ao brilho da luz da lua sobre a água.

AS ILUSTRAÇÕES

Nossas ilustrações mostram os *chakras* como observados por visão clarividente em uma pessoa razoavelmente evoluída e inteligente, que já os trouxe, até certo ponto, ao grau de funcionamento. Claro que nossas cores não são suficientemente luminosas – nenhuma cor terrestre poderia ser; mas, ao menos, os desenhos darão alguma ideia da real aparência dessas rodas de luz. Será entendido daquilo que já foi dito que os centros variam em tamanho e em brilho em diferentes pessoas. Até na mesma pessoa, alguns deles podem estar bem mais desenvolvidos do que o restante. Eles estão desenhados próximo ao seu tamanho na vida real, exceto pelo *Sahasrāra* ou *chakra* coronário, o qual ampliamos para mostrar a sua riqueza de detalhes. No caso de um homem que se distingue grandemente nas qualidades que se expressam através de certos *chakras*, esse centro vai estar não apenas bastante alargado, mas também especialmente radiante, jogando fora raios dourados brilhantes. Um exemplo disso pode ser visto na precipitação da aura do Sr. Stainton Moses por Madame Blavatsky, que agora é guardado em um gabinete nos arquivos da Sociedade em Adyar. Ele foi reproduzido, embora de forma imperfeita, na página 364 do volume I do livro *Old Diary Leaves*[15] de Coronel Olcott.

Esses *chakras* naturalmente se dividem em três grupos, os inferiores, os do meio, e os superiores; eles podem ser chamados respectivamente de fisiológicos, pessoais e espirituais.

O primeiro e o segundo *chakras*, tendo apenas alguns raios ou pétalas, estão principalmente ocupados com o recebimento de duas forças que chegam até o corpo no nível físico – uma é o fogo-serpentino vindo da Terra, e a outra é a vitalidade vinda do Sol. Os centros do grupo do meio, números 3, 4 e 5 estão ocupados com as forças que chegam ao homem pela sua personalidade – pelo astral inferior, no caso, no centro 3, pelo astral superior no centro 4, e pelo mental inferior no centro 5. Todos esses centros parecem alimentar certos gânglios no corpo. Os centros 6 e 7, aparte dos demais, estão conectados com o corpo pituitário e com a glândula pineal respectivamente, ativados apenas quando um certo grau de desenvolvimento espiritual tem lugar.

---

[15] Publicado em Português pela Editora Teosófica, com o título: *A História da Sociedade Teosófica*, Vol. 1: 1874-1878, Brasília, 2019. (Nota Ed. Bras.)

Eu já ouvi dizer que isso sugere que uma das diferentes pétalas desses centros de força representa uma qualidade moral e que o desenvolvimento dessa qualidade leva o centro à atividade. Por exemplo, no livro *Dhyanabindu Upanishad*, as pétalas do *chakra* do coração estão associadas com devoção, preguiça, raiva, caridade e qualidades similares. Eu ainda não me deparei com nenhum fato que definitivamente comprove isso e não é fácil visualizar exatamente como seria possível, pois o aparecimento é produzido por certas forças prontamente reconhecíveis. As pétalas, em qualquer centro em particular, estão ativas ou não, de acordo com o fato dessas forças estarem ou não despertas. Seu desdobramento parece não ter uma conexão mais direta com a moralidade do que tem o alargamento do bíceps. Certamente eu conheci pessoas nas quais alguns desses centros estavam em total atividade, embora o adiantamento moral não era, de forma alguma, excepcionalmente elevado, enquanto em outras pessoas, de alta espiritualidade e da mais nobre moralidade possível, os centros ainda estavam, sem dúvida, escassamente vitalizados. Dessa forma, não parece haver nenhuma conexão necessária entre os dois desenvolvimentos.

Existem, contudo, certos fatos observáveis que podem ser a base para esta ideia um tanto curiosa. Embora a aparência das pétalas seja causada pelas mesmas forças fluindo ao redor do centro, alternadamente por cima e por baixo dos vários raios, estes raios diferem em caráter, porque a força que entra é subdividida em suas partes componentes ou qualidades. Dessa forma, cada raio irradia uma influência especializada própria, mesmo que as variações sejam leves. A força secundária, ao passar em cada raio, é de certa forma modificada pela sua influência e, assim, muda um pouco em sua tonalidade. Alguns desses tons de cor podem indicar uma forma da força que é útil para o crescimento de alguma qualidade moral. Quando essa qualidade é fortalecida, sua vibração correspondente será mais pronunciada. Então, o aprofundamento ou o enfraquecimento do tom pode ser usado para representar a posse de mais ou de menos desse atributo.

O *CHAKRA* RAIZ OU BÁSICO

Ilustração 1 - *Chakra* Raiz ou Básico

O primeiro centro, o básico, (Ilustração 1), na base da coluna vertebral, tem uma força primária que irradia para fora em quatro raios e, assim, arranja suas ondulações de forma a dar um efeito de estar dividida em quadrantes, alternativamente vermelho e laranja em tonalidade, com cavidades entre eles. Isso faz ele parecer como se estivesse marcado com o sinal da cruz. Por essa razão, a cruz é frequentemente usada para simbolizar este centro. Às vezes uma cruz flamejante é tida para indicar o fogo-serpentino que reside nele. Quando atuando com algum vigor, este *chakra* é de cor ígnea vermelho-alaranjado, correspondendo de perto com o tipo de vitalidade que é enviada a partir do centro esplênico. De fato, será notado que no caso de qualquer um dos *chakras* pode ser vista uma correspondência similar com a cor de sua vitalidade.

O *CHAKRA* DO BAÇO OU ESPLÊNICO

Ilustração 2 - *Chakra* do Baço ou Esplênico

O segundo centro, o esplênico (Ilustração 2), no baço, é devotado à especialização, subdivisão e dispersão da vitalidade que vem até nós do sol. Esta vitalidade é vertida do *chakra* esplênico novamente em seis correntes horizontais, a sétima variedade sendo puxada até o cubo da roda. Esse *chakra*, dessa forma, tem seis pétalas ou ondulações, todas de diferentes cores e é especialmente radiante, brilhante como o sol. Todas as seis divisões da roda mostram predominantemente a cor de uma das formas da força vital – vermelho, laranja, amarelo, verde, azul e violeta.

CHAKRA DO UMBIGO OU UMBILICAL

Ilustração 3 - *Chakra* do Umbigo ou Umbilical

O terceiro centro, o umbilical (Ilustração 3), situado no umbigo ou plexo solar, recebe a força primária com dez radiações, vibrando de tal forma a se dividir em dez ondulações ou pétalas. Ele está associado muito de perto com sentimentos e emoções de vários tipos. Sua cor predominante é uma curiosa mistura de vários tons de vermelho, embora também tenha uma grande quantidade de verde. As divisões são de forma alternada, principalmente vermelhas e verdes.

O *CHAKRA* DO CORAÇÃO OU CARDÍACO

Ilustração 4 - *Chakra* do Coração ou Cardíaco

O quarto centro, (Ilustração 4), situado no coração, é de uma cor brilhante dourada. Cada um de seus quadrantes está dividido em três partes, o que lhe dá doze ondulações, porque sua força primária faz com que tenha doze raios.

O *CHAKRA* DA GARGANTA OU LARÍNGEO

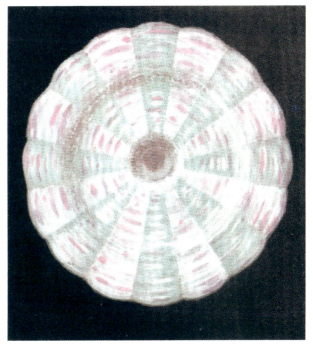

Ilustração 5 - *Chakra* da Garganta ou Laríngeo

O quinto centro, o laríngeo (Ilustração 5), na garganta, tem dezesseis raios e, dessa forma, dezesseis divisões aparentes. Tem bastante azul, mas o seu efeito geral é prateado e cintilante, sugerindo a luz da lua sobre a água agitada. Azul e verde predominam alternativamente em suas seções.

O *CHAKRA* DA TESTA OU FRONTAL

Ilustração 6 - *Chakra* da Testa ou Frontal

O sexto centro, o frontal (Ilustração 6), entre as sobrancelhas, tem a aparência de estar dividido em metades, uma principalmente cor-de-rosa, embora com uma grande quantidade de amarelo ao redor, e a outra predominantemente com um tipo de azul arroxeado, novamente concordando de perto com as cores dos tipos especiais de vitalidade que o vivifica. Talvez seja por essa razão que este centro é mencionado em livros indianos como tendo apenas duas pétalas. Entretanto, se contarmos as ondulações de mesmo caráter dos centros anteriores, nós vamos encontrar que cada metade é subdividida em quarenta e oito delas, totalizando noventa e seis, porque a sua força primária tem esse número de irradiações.

Este salto repentino de 16 para 96 raios, e novamente a variação ainda mais surpreendente de 96 para 972 raios entre este e o próximo *chakra*, nos mostra que estamos lidando com centros de uma ordem completamente diferente daqueles que nós até agora estávamos considerando. Nós ainda não sabemos todos os fatores que determinam o número de raios em um *chakra*, mas já está evidente que eles representam tons de variação na força primária. Antes que possamos dizer muito mais do que isso, centenas de observações e comparações precisam ser feitas, (– feitas, repetidas e verificadas várias e várias vezes). Porém, por hora, isso está claro: enquanto as necessidades da personalidade podem ser satisfeitas por um número limitado de tipos de força, quando vamos até os princípios mais elevados e permanentes do homem, nós encontramos uma complexidade, uma multiplicidade, que demanda para a sua expressão uma seleção vastamente maior de modificações da energia.

O *CHAKRA* DA COROA OU CORONÁRIO

O sétimo centro, o coronário (veja a ilustração 7), no topo da cabeça, quando agitado em total atividade é o mais resplandecente de todos, repleto de uma indescritível cromática de efeitos e vibrando com a mais inconcebível rapidez. Parece conter todos os tipos de tons prismáticos, mas é, em geral, predominantemente violeta. Ele é descrito em livros indianos como tendo mil pétalas. Realmente isso não está longe da verdade, o número de irradiações de sua força primária, no círculo externo, é de novecentas e sessenta. Todas as linhas serão vistas fielmente reproduzidas nessa ilustração, embora seja dificilmente possível dar o efeito das pétalas separadas. Em adição a isso, ele tem uma peça que nenhum dos outros *chakras* possui: um tipo de turbilhão central subsidiário de brilho branco corado com dourado em seu coração, uma atividade menor que possui doze ondulações próprias.

Ilustração 7 - *Chakra* da Coroa ou Coronário

Este *chakra* usualmente é o último a ser despertado. No início, ele tem o mesmo tamanho dos outros, mas, à medida que o homem progride na Senda do adiantamento espiritual, ele aumenta regularmente até cobrir quase todo o topo da cabeça. Outra peculiaridade se trata de seu desenvolvimento. Ele é, em princípio, uma depressão no corpo etérico, como são todos os outros, uma vez que por ele, como pelos outros, a força divina flui de fora para dentro. Porém, quando o homem percebe sua posição como rei da luz divina, dispensando generosidade para todos ao seu redor, esse *chakra* se inverte, virando, por assim dizer, do avesso. Ele não mais é um canal para recepção, mas para irradiação, não mais uma depressão, mas uma proeminência, ficando para fora da cabeça como uma cúpula, uma verdadeira coroa de glória.

Em pinturas e estátuas orientais dos deuses ou de grandes homens, essa proeminência é frequentemente mostrada. Na Figura 2, ela aparece na cabeça da estátua do Senhor Buda em Borobudur, Java. Esse é o método convencional de representá-la. Dessa forma, ela é encontrada na cabeça de milhares de imagens do Senhor Buda por todo o mundo oriental. Em muitos casos, será visto que as duas camadas do *chakra Sahasrāra* são copiadas: a primeira cúpula de 960 pétalas primeiro e depois a cúpula menor de 12 se levantando em seu turno. A cabeça à direita é a de *Brahmā* no Hokke-do de Todai-ji, em Nara no Japão (datando de 749 d.C.). Poderá ser visto que a estátua está vestindo um chapéu moldado para representar este *chakra*, embora de forma um tanto quanto diferente da anterior, mostrando o diadema de chamas que surgem dele.

Figura 2 - Representação do *Chakra* Coronário

Ele também aparece na simbologia cristã, nas coroas usadas pelos vinte e quatro anciões que estão para sempre prostrados perante o trono de Deus. No homem altamente desenvolvido, esse *chakra* coronal verte esplendor e glória, circundando-o com uma verdadeira coroa. O significado dessa passagem das Escrituras é que tudo aquilo que ele ganhou, todo o magnífico *Karma* que ele cria, todo a maravilhosa força espiritual que ele gera, tudo aquilo que ele lança perpetuamente aos pés do *Logos* deve ser usado para o Seu trabalho. De forma que, repetidamente, ele pode continuar a projetar sua coroa dourada, porque ela continuamente se recompõe, ao passo que a força vem da fonte que está dentro dele.

OUTRAS CONSIDERAÇÕES SOBRE OS CENTROS

Estes sete centros de força são frequentemente descritos na literatura em sânscrito, em alguns dos *Upanishads* menores, nos *Purānas* e em trabalhos tântricos. Eles são utilizados hoje por muitos iogues indianos. Um amigo, familiarizado com a vida interna da Índia, me assegurou que conhece uma escola naquele país que utiliza livremente os *chakras*. Uma escola com cerca de dezesseis mil pupilos espalhados por uma grande área. Há muita informação interessante disponível sobre o assunto de fontes hindus, que buscaremos resumir com comentários em um próximo capítulo.

Também parece que certos místicos europeus estavam familiarizados com os *chakras*. Evidência disso ocorre em um livro intitulado *Theosophia Practica* de autoria do conhecido místico alemão Johann Georg Gichtel, um pupilo de Jacob Boehme, que provavelmente pertenceu à sociedade secreta dos Rosa-cruzes. É desse trabalho de Gichtel que a nossa Ilustração de *Os Chakras* é reproduzida pela gentil permissão dos editores. Esse livro foi originalmente publicado no ano de 1696, embora, na edição de 1736, tenha sido dito que as gravuras, da qual o volume é sobretudo uma descrição, foram impressas apenas uns dez anos depois da morte do autor, que se deu em 1710. O livro deve ser distinto de uma coleção de correspondências de Gichtel publicada com o mesmo título *Theosophia Practica*. O presente volume não está na forma de cartas, mas consiste em seis capítulos a respeito do tema da regeneração mística, que era um princípio tão importante dos Rosa-cruzes.

A Ilustração inserida a seguir foi fotografada da tradução francesa do *Theosophia Practica*, publicado em 1897, na Bibliothèque Rosicrucienne, volume 4, pela Bibliothèque Chacornac, em Paris.

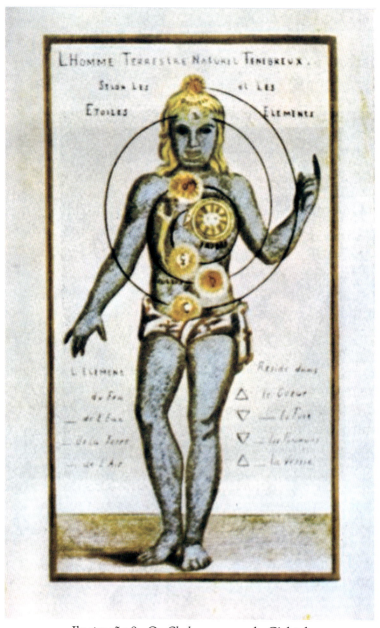

Ilustração 8 - Os *Chakras*, segundo Gichtel.

Gichtel, que nasceu em 1638, em Ratisbon na Bavária, estudou Teologia e Direito e exerceu a Advocacia. Porém, em seguida, se tornando consciente de um mundo espiritual interior, abdicou de todos os interesses mundanos e se tornou o fundador de um movimento místico cristão. Sendo oposto à ortodoxia ignorante de seu tempo, ele chamou para si o ódio daqueles que ele atacou. Em aproximadamente 1670, ele foi consequentemente banido, e sua propriedade foi confiscada. Ele finalmente achou refúgio na Holanda, onde viveu pelos remanescentes quarenta anos de sua vida.

Ele evidentemente considerou as figuras impressas em seu *Theosophia Practica* como sendo de natureza secreta. Pelo visto, elas foram mantidas dentro de um pequeno círculo de seus discípulos por um número significativo de anos. Elas eram, diz ele, o resultado de uma iluminação interior, presumidamente daquilo que em nossos tempos modernos nós chamaríamos de faculdades clarividentes. Na folha de rosto de seu livro, ele diz que elas são "Uma pequena exposição dos três princípios dos três mundos nos homens, representados em claras figuras, mostrando como e onde eles têm seus respectivos centros no homem interior; de acordo com o que o autor observou nele mesmo em contemplação divina, e o que ele sentiu, saboreou e percebeu".

Como a maioria dos místicos de seus dias, entretanto, falta a Gichtel a exatidão que deveria caracterizar o verdadeiro Ocultismo e Misticismo. Em sua descrição das figuras, ele se permite ser prolixo, embora algumas vezes tenha digressões bem interessantes sobre as dificuldades e os problemas da vida espiritual. Como uma exposição de suas ilustrações, no entanto, seu livro não é um sucesso. Talvez ele não se atrevesse a dizer muito ou tenha desejado induzir seus leitores a aprenderem a ver por si próprios sobre aquilo que ele escrevera. Parece provável que pela vida realmente espiritual que ele viveu, desenvolveu clarividência suficiente para ver os *chakras*, mas não estava ciente de suas verdadeiras características e uso, de forma que, em suas tentativas de explicar seus significados, ele atribuiu aos *chakras* o simbolismo atual da escola de mistério à qual pertencia. Ele está lidando aqui, como será visto, com o homem natural mundano em um estado de trevas. Dessa forma, ele talvez tenha alguma desculpa para ter sido um pouco pessimista sobre os *chakras*. Ele permitiu que o primeiro e o segundo passassem sem comentário (quiçá sabendo que eles são principalmente relativos a processos fisiológicos), mas rotula o plexo solar como a residência da raiva, como realmente é. Ele vê o *chakra* cardíaco como cheio de amor próprio, o da garganta com inveja e avareza; e os centros superiores da cabeça, os que irradiam nada melhor do que orgulho.

Ele também designa planetas aos *chakras*, dando a Lua ao básico, Mercúrio ao esplênico, Vênus ao umbilical, o Sol ao coração (embora se possa notar que uma serpente está enrolada ao seu redor, Marte ao laríngeo, Júpiter ao frontal, e Saturno ao coronário. Ele nos informa ainda que o fogo reside no coração, a água no fígado, a terra nos pulmões, e o ar na bexiga.

É digno de nota seu desenho de uma espiral que começa com a serpente ao redor do coração e passa por todos os centros. Porém, parece não haver uma razão muito definida para a ordem pela qual a linha os toca. O simbolismo do cachorro correndo não é explicado. Então, nos é dada a liberdade para interpretar como quisermos.

O autor nos dá depois uma ilustração do homem regenerado por Cristo, que esmagou completamente a serpente, mas ele trocou o Sol pelo Sagrado Coração, sangrando horrivelmente.

O interessante da foto para nós, no entanto, não está na interpretação do autor, mas no fato de que ela mostra, sem nenhum engano, que ao menos alguns dos místicos do século dezessete sabiam da existência e da posição dos sete centros ou *chakras* no corpo humano. Mais evidências do conhecimento antecipado sobre estes centros de força existem nos rituais da Maçonaria, cujos pontos relevantes vêm até nós de tempos imemoriáveis. Os monumentos nos mostram que estes pontos eram conhecidos e praticados no Egito antigo e foram passados fielmente aos dias presentes. Maçons os encontram entre seus segredos e, ao utilizá-los, eles, na realidade, estimulam certos centros na ocasião e para o propósito de seu trabalho, embora eles geralmente saibam pouco ou nada do que está acontecendo além do alcance da visão normal. Obviamente, explicações são impossíveis aqui, mas eu mencionei o tanto sobre o assunto que é permitido em *The Hidden Life in the Freemansonary (A Vida Oculta da Maçonaria)*[16].

---

[16] LEADBEATER, C. W. *A Vida Oculta da Maçonaria.* São Paulo: Ed. Pensamento. (Nota Ed. Bras.)

CAPÍTULO 2
AS FORÇAS

A FORÇA PRIMÁRIA OU VITAL

A Divindade emite de si mesma várias formas de energia; pode haver centenas das quais nós nada conhecemos, mas algumas poucas delas foram observadas. Cada uma dessas energias observadas tem sua manifestação apropriada em todos os níveis que nossos estudantes já alcançaram. Porém, para o momento, vamos pensar nelas pela forma como se mostram no mundo físico. Uma delas se mostra como eletricidade, outra como o fogo-serpentino, outra como vitalidade, e outra ainda como força vital, que é algo bastante diferente de vitalidade, como será presentemente visto.

É necessário um esforço paciente, longo e continuado por parte do estudante que deseja rastrear estas forças até a sua origem e relacioná-las umas com as outras. Ao tempo em que eu coletei no livro *The Hidden Side of Things (O Lado Oculto das Coisas)*[17] as respostas para questões que haviam sido perguntadas em anos anteriores nas reuniões de Adyar, eu sabia da manifestação no Plano Físico da força vital, da *kundalinī* e da vitalidade, mas não ainda sobre as suas relações com as Três Emanações, de forma que eu as descrevi como algo inteiramente diferente e separado. Pesquisas adicionais me permitiram preencher a lacuna. Eu estou feliz agora por ter a oportunidade de corrigir as declarações equivocadas que eu fiz à época.

---

[17] LEADBEATER, C. W. *O Lado Oculto das Coisas*. Brasília: Ed. Teosófica, 2017. (Nota Ed. Bras.)

Existem três forças principais fluindo através dos *chakras*. Nós podemos considerá-las como representativas dos três aspectos do *Logos*. A energia que nós encontramos impelindo-se para a boca, em forma de sino, do *chakra*, e configurando em relação a si mesma uma força circular secundária, é uma das expressões da Segunda Emanação, do Segundo Aspecto do *Logos*, aquela corrente de vida que é enviada por Ele para a matéria já vitalizada pela ação do Terceiro Aspecto do *Logos* na Primeira Emanação. É isso que é simbolizado quando é dito, nos ensinamentos cristãos, que o Cristo é encarnado (isto é, toma a forma) do Espírito Santo e da Virgem Maria.

Esta Segunda Emanação há muito tempo se subdividiu em um grau quase infinito. Não apenas ela subdividiu a si mesma, mas também diferenciou a si mesma, ou seja, ela própria parece ter feito isso. Na realidade, é quase certo que isso é apenas *māyā* ou ilusão com que a vemos atuar. Ela vem por incontáveis milhões de canais, e se manifesta em todo plano e subplano de nosso sistema, e mesmo assim é fundamentalmente uma e a mesma força, não devendo de forma alguma, em nenhum momento, ser confundida com aquela da Primeira Emanação, que há muito tempo fabricou os elementos químicos dos quais a Segunda Emanação toma o material para construir seus veículos. Parece que algumas de suas manifestações eram inferiores ou densas, porque empregavam matéria inferior e mais densa. No Plano *Búddhico*, nós a vemos mostrando a si mesma como o princípio de Cristo, gradualmente se expandindo e se desdobrando de forma imperceptível dentro da alma do homem. Nos corpos astral e mental, nós percebemos que várias camadas de matéria são vivificadas por ela, de forma que notamos suas diferentes exibições, aparecendo na parte superior do astral, disfarçada de emoções nobres, e nas partes inferiores do mesmo veículo, como uma mera carga de força vital energizando a matéria desse corpo.

Nós a encontramos em sua menor manifestação atraindo para si um véu de matéria etérica e fluindo do corpo astral para os sinos em formato de flor desses *chakras* na superfície da parte etérica do corpo físico. Aqui ela encontra outra força brotando do interior do corpo humano, o misterioso poder chamado de *kundalinī* ou fogo-serpentino.

O FOGO-SERPENTINO

Essa força é a manifestação no Plano Físico de outro dos múltiplos aspectos do poder do *Logos*, pertencendo à Primeira Emanação, que vem do Terceiro Aspecto. Ela existe em todos os planos dos quais nós sabemos alguma coisa; porém é a sua expressão na matéria etérica que temos que ver neste momento. Ela não é conversível nem na força primária, já mencionada, nem na força de vitalidade, que vem do sol. Ela não parece ser afetada por nenhuma outra forma de energia física. Eu já vi tanto quanto um milhão de um quarto de *volts* de eletricidade serem colocados em um corpo humano, de forma que, quando o homem ergueu seu braço para a parede, imensas chamas lançaram-se de seus dedos; ainda assim, ele não sentiu nada incomum, nem foi minimamente queimado nessas circunstâncias, a menos que tocasse em algum objeto externo. Porém, mesmo essa enorme demonstração de poder não teve nenhum efeito no fogo-serpentino.

Nós já sabemos, há muitos anos, que existe, nas profundezas da Terra, o que pode ser descrito como um laboratório do Terceiro *Logos*. Na tentativa de investigar as condições no centro da Terra, encontramos um vasto globo com uma força tão tremenda que não é possível nos aproximarmos. Nós podemos tocar apenas suas camadas exteriores. Porém, ao fazer ao menos isso, torna-se evidente que elas estão em relação congênita com as camadas da *kundalinī* no corpo humano. Neste centro, a força do Terceiro *Logos* deve ter sido vertida há muitos anos, mas ainda está ativa. Lá Ele está engajado no desenvolvimento gradual de novos elementos químicos, que mostram uma complexidade crescente de forma, muito mais atividade ou vida energética interna.

Estudantes de Química estão familiarizados com a Tabela Periódica originada pelo químico russo Mendeleiev na última parte do último século, na qual os elementos químicos estão arranjados na ordem de seus pesos atômicos, começando com o mais leve, hidrogênio, que tem um peso atômico de 1, e terminando com o que é conhecido até o presente como o mais pesado, urânio, que tem um peso relativo de 238,5[18]. Em nossas próprias investigações nestes assuntos, encontramos que estes pesos atômicos eram quase exatamente proporcionais ao número de átomos físicos ultérrimos em cada elemento. Nós recordamos esses números em *Occult Chemistry*, e também a forma e a composição de cada elemento.

Na maioria dos casos, a forma que nós encontramos quando os elementos foram examinados com a visão etérica indica (assim como também indica a Tabela Periódica) que eles não se posicionam em linha reta, mas em uma espiral ascendente. Foi-nos dito que os elementos hidrogênio, oxigênio e nitrogênio (que constituem aproximadamente metade da crosta de nosso globo e quase toda a sua atmosfera) pertencem ao mesmo tempo a outro e maior Sistema Solar, mas nós entendemos que o restante dos elementos foram desenvolvidos pelo *Logos* de nosso Sistema. Ele está continuando a sua espi-

---

[18] Vale mencionar que esta informação refere-se ao ano de 1927. (Nota Ed. Bras.)

ral para além do urânio, sob condições de temperatura e pressão que são bastante inconcebíveis para nós. Gradualmente, ao passo que novos elementos são formados, eles são empurrados para fora e para cima em direção à superfície da Terra.

A força da *kundalinī*, em nossos corpos, vem desse laboratório do Espírito Santo, oculto no fundo da Terra. Ela pertence àquele terrível fogo brilhante do submundo. Esse fogo está em notável contraste com o fogo da vitalidade que vem do Sol, que logo será explicado. O último pertence ao ar, à luz e aos grandes espaços abertos; mas o fogo que vem de baixo é muito mais material, como o fogo de um ferro vermelho e quente, ou ferro incandescente. Há um lado um tanto terrível dessa tremenda força. Ela dá a impressão de descer cada vez mais fundo na matéria, de se mover devagar, mas irresistivelmente para frente, com uma certeza implacável.

O fogo-serpentino não é essa porção da energia do Terceiro Aspecto do *Logos* com a qual Ele está engajado em construir elementos químicos cada vez mais densos. É mais da natureza de um desenvolvimento adicional dessa força, que está no núcleo vital de tais elementos como o rádio. É parte da ação de vida do Terceiro *Logos*; após ele ter chegado à sua imersão mais inferior, começa a ascender na direção das alturas de onde veio. Nós compreendemos há muito tempo que a segunda onda de vida, do Segundo *Logos*, desce até a matéria pelo primeiro, pelo segundo e pelo terceiro reinos elementais, até o mineral, e então ascende novamente pelos reinos vegetal e animal até o humano, onde ele encontra o poder penetrante e descendente do Primeiro *Logos*. Isso é sugerido na Figura 3, na qual o oval indica que a Segunda Emanação desce para o lado esquerdo, chega até o seu ponto mais denso no fundo do diagrama, e então se eleva novamente na curva do lado direito da figura.

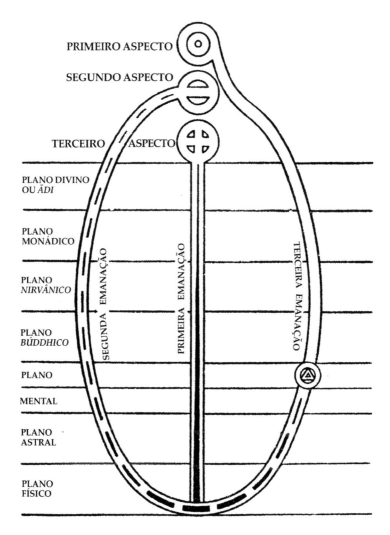

Figura 3 - As Três Emanações.

Nós agora descobrimos que a força do Terceiro *Logos;* também ascende novamente após tocar o seu ponto mais inferior. Então, devemos imaginar que a linha vertical no centro da figura retorna para o seu caminho. A *kundalinī* é o poder dessa Emanação no seu caminho de retorno. Ela trabalha nos corpos de criaturas em evolução, em contato íntimo com a primeira força já mencionada, as duas atuando juntas para trazer a criatura até o ponto em que ela possa receber a Emanação do Primeiro *Logos*, e se tornar um Ego, um ser humano, e ainda levar adiante os veículos mesmo depois disso. Nós então absorvemos o potente poder de Deus da Terra abaixo assim como dos céus acima. Somos crianças da Terra, assim como do Sol. Esses dois se encontram em nós e trabalham juntos para nossa evolução. Nós não podemos ter um sem o outro, mas se um deles estiver em excesso há sérios perigos. Por isso o risco de qualquer desenvolvimento das camadas mais profundas do fogo-serpentino antes que a vida no homem seja pura e refinada.

Ouvimos muito sobre esse estranho fogo e dos perigos de seu despertar prematuro. Muito daquilo que ouvimos é sem dúvida verdade. Há de fato um perigo muito sério em despertar os aspectos mais superiores dessa energia impetuosa em um homem, antes que ele tenha ganho a força para controlá-la, antes que ele tenha adquirido a pureza de vida e pensamento, que sozinha pode tornar seguro para ele libertar tão tremenda potência. Porém, a *kundalinī* desempenha um papel muito maior na vida diária do que a maioria de nós até aqui supôs. Há uma manifestação menor e mais suave da *kundalinī* que já está desperta dentro de todos nós, que não é apenas inócua, mas benéfica, que está fazendo o seu designado trabalho dia e noite, enquanto estamos inteiramente inconscientes de sua presença e atividade. Claro que nós notamos previamente essa força à medida que ela flui ao longo dos nervos, chamando-a simplesmente de fluído nervoso, e não a reconhecendo pelo que ela realmente é. O esforço de analisá-la e de rastreá-la até a sua fonte mostra-nos que ela entra no corpo humano pelo *chakra* raiz.

Como todas as outras forças, a *kundalinī* é invisível. Porém, no corpo humano, ela se abriga em um curioso ninho de esferas concêntricas ocas de matéria astral e etérica, uma dentro da outra, como as bolas em um quebra-cabeça chinês. Parece haver sete de tais esferas concêntricas descansando no *chakra* raiz, dentro e ao redor da última célula real ou cavidade da coluna vertebral próxima ao cóccix; mas apenas na mais periférica dessas esferas está a força ativa no homem comum. Nos outros ela está "dormindo", como é dito em alguns dos livros orientais. É apenas quando o homem tenta despertar a energia latente nessas camadas mais internas que os perigosos fenômenos do fogo começam a aparecer. O inofensivo fogo da pele exterior da bola flui pela coluna vertebral acima, através das (até onde chegaram as investigações atuais) três linhas *Sushumnā*, *Idā* e *Pingalā* simultaneamente.

OS TRÊS CANAIS DA COLUNA VERTEBRAL

Dessas três correntes que fluem internamente e ao redor da medula espinhal de todos os seres humanos, a Sra. Blavatsky escreve o que se segue em *The Secret Doctrine:*

> A Escola transhimalaica... aloca a *Sushumnā* a base principal desses três *Nādis*, no tubo central da medula espinhal... *Idā* e *Pingalā* são simplesmente os sustenidos e bemóis desse Fá da natureza humana,... que, quando atingidos de forma apropriada, despertam as sentinelas em ambos os lados, o *Manas* espiritual e o *Kama* físico, subjugando o inferior através do superior.[19]
>
> É o puro *Ākasha* que passa pelo *Sushumnā* acima. Seus dois aspectos fluem em *Idā* e *Pingalā*. Estes

---

[19] *The Secret Doctrine*, 5ª ed. Adyar. Vol. V, p. 480 (Nota Ed. Inglesa). BLAVATKSY, H. P. *A Doutrina Secreta*, São Paulo: Ed. Pensamento. (Nota Ed. Bras.)

são os três ares vitais. São simbolizados pela cordão *brahmânico* e regidos pela vontade. Vontade e desejo são os aspectos superior e inferior da mesma coisa. Por isso a importância de pureza dos canais... Desses três, há circulação do canal central para todo o corpo.[20] *Idā* e *Pingalā* funcionam ao longo da parede curva do cordão onde está *Sushumnā*. São semimateriais, positivo e negativo, Sol e Lua, e iniciam a ação da corrente livre e espiritual de *Sushumnā*. Possuem caminhos próprios distintos; de outro modo, iriam irradiar por todo o corpo.[21]

Em *The Hidden Life in Freemasonry (A Vida Oculta na Maçonaria)*, eu me referi a um certo uso maçônico dessas forças como se segue:

> É parte do plano da Maçonaria estimular a atividade dessas forças no corpo humano, de forma que a evolução possa ser acelerada. O estímulo é aplicado no momento em que o M. V. M. cria, recebe e constitui. No Primeiro Grau, isso afeta *Idā* ou aspecto feminino da força, tornando assim mais fácil para o candidato controlar paixões e emoções. No Segundo Grau, afeta *Pingalā* ou aspecto masculino que é fortalecido para facilitar o controle da mente. Porém, no Terceiro Grau, é a própria energia central, *Sushumnā*, que é estimulado, abrindo assim o caminho para a influência superior do espírito puro. É subindo através desse canal de *Sushumnā* que o iogue deixa o seu corpo físico quando quer, de tal maneira que pode reter total consciência nos planos superiores, e trazer de volta para o cérebro físico uma memória clara de suas experiências. As figuras a seguir dão uma indicação aproximada da forma com que essas forças fluem pelo corpo humano. No homem, *Idā* começa da base da coluna exatamente

---

[20] *The Secret Doctrine*, 5ª ed. Adyar, Vol V, p. 510. (Nota Ed. Inglesa)
[21] *Ibidem*, p. 520. (Nota Ed. Inglesa)

à esquerda de *Sushumnā*, e *Pingalā* à direita (que fique entendido que é à direita e à esquerda do homem, não do espectador). Porém, numa mulher essas posições são invertidas. As linhas terminam na medula oblongata.

A coluna vertebral é chamada na Índia de *Brahmadanda*, o bastão de *Brahmā*. O desenho dado na Figura 4 (d) mostra que ela também é o original do caduceu de Mercúrio, as duas serpentes que simbolizam a *kundalinī* ou fogo-serpentino, que dever ser prontamente posta em movimento ao longo desses canais, enquanto as asas tipificam o poder de voo consciente por planos superiores, que o desenvolvimento desse fogo confere. A Figura 4 (a) mostra *Idā* estimulada depois da iniciação no Primeiro Grau. Essa linha é da cor carmesim. A ela, na passagem, é adicionada a linha amarela de *Pingalā*, retratada na Figura 4 (b), enquanto que na elevação, a série é completada pela corrente azul profundo de *Sushumnā*, na Figura 4 (c).

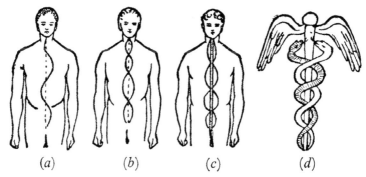

Figura 4 - Os Canais da Coluna Vertebral

A *kundalinī*, que normalmente flui por esses três canais, especializa-se durante essa passagem ascendente, e isso se dá de duas formas. Há nisso uma curiosa mistura de qualidades positivas e negativas que podem ser quase descritas como masculinas e femininas. De forma geral, há uma grande preponderância do aspecto feminino, o que talvez seja a razão pela qual, nos livros indianos, essa força é sempre referida como "ela", também talvez o porquê de uma certa "câmara no coração", onde a *kundalinī* é centralizada em algumas formas de *Yoga*, ser descrita em *The Voice of the Silence (A Voz do Silêncio)*[22] como a morada da Mãe do Mundo. Porém, quando esse fogo-serpentino sai de sua casa no *chakra* raiz e ascende pelos três canais que nós mencionamos, nota-se que a parte ascendente pelo canal *Pingalā* é quase toda masculina, enquanto a que ascende pelo canal *Idā* é quase toda feminina. O grande fluxo passando por *Sushumnā* parece reter suas proporções originais.

A segunda diferenciação que ocorre, durante a passagem dessa força subindo a coluna, é que ela se torna intensamente impregnada com a personalidade do homem. Ela parece entrar pelo fundo como uma força bastante genérica e sair adiante, no topo, definitivamente como o fluido nervoso desse homem em particular, carregando com ela as impressões de suas qualidades especiais e idiossincrasias, manifestas nas vibrações desses centros na coluna, que podem ser considerados como as raízes de onde brotam as hastes dos *chakras* da superfície.

O CASAMENTO DAS FORÇAS

Embora a boca em forma de sino do *chakra*, que se parece com uma flor, esteja na superfície do corpo etérico, a haste desta espécie de flor, que se parece com um trompete, sempre brota de um centro na coluna vertebral. É quase sempre a esses centros na coluna, e não às suas manifestações superficiais, que os livros hindus se referem quando falam sobre os *chakras*. De qualquer

---

[22] BLAVATSKY. H. P. *A Voz do Silêncio*, Brasília: Ed. Teosófica, 4ª ed., 2020. (Nota Ed. Bras.)

forma, uma haste etérica, usualmente se curvando para baixo, conecta essa raiz na coluna vertebral com o *chakra* externo (veja a Ilustração 6). Como as hastes de todos os *chakras* começam a partir da medula espinhal, essa força naturalmente flui por estas hastes até os sinos de flor, onde ela encontra a corrente entrante de vida divina. A pressão criada por esse encontro causa uma irradiação das forças misturadas horizontalmente ao longo dos raios dos *chakras*.

As superfícies das correntes da força primária e da *kundalinī* se juntam nesse ponto, à medida que giram em direções opostas, e uma pressão considerável é causada. Isso tem sido simbolizado como o "casamento" da vida divina, que é vividamente masculina, com a *kundalinī*, que é sempre considerada como distintamente feminina. A energia composta resultante é comumente chamada de magnetismo pessoal do homem. Ela então vivifica os plexos que são vistos próximos a vários *chakras*. Ela flui ao longo de todos os nervos do corpo, sendo responsável principalmente por manter a sua temperatura, e leva consigo a vitalidade que foi absorvida e especializada pelo *chakra* do baço.

Quando as duas forças se combinam, como mencionado acima, há um certo acoplamento de algumas das respectivas moléculas. A força primária parece ser capaz de ocupar vários e diferentes tipos de formas etéricas. Aquilo que é mais comumente adotado é um octaedro, feito de quatro átomos[23] arranjados em um quadrado, com um átomo central constantemente vibrando para cima e para baixo pelo meio do quadrilátero e em

---

[23] O termo "átomo", usado aqui e em todo o restante do livro não se refere a um átomo químico, mas ao tipo básico de matéria nos subplanos mais elevados de cada plano da Natureza. Similarmente, "molécula" refere-se a um grupo de tais átomos de um modo semelhante ao que os átomos químicos formam as moléculas químicas. (Nota Ed. Inglesa)

ângulos retos a ele. Ela também, às vezes, usa uma pequena molécula extremamente ativa consistindo de três átomos. A *kundalinī* usualmente se reveste de um anel plano de sete átomos, enquanto o glóbulo de vitalidade, que também consiste de sete átomos, os arranja em um plano não muito diferente da força primária, exceto que ele forma um hexaedro ao invés de um quadrado. A Figura 5 pode ajudar o leitor a imaginar esses arranjos.

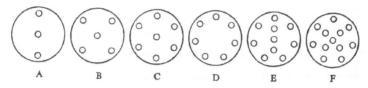

Figura 5 - As Formas das Forças

A e B são formas adotadas pela força primária, C é aquela tomada pelo glóbulo de vitalidade, e D é o da *kundalinī*. E mostra o efeito da combinação de A e D; F o de B e D. Em A, B e C o átomo central está o tempo todo vibrando rapidamente em ângulos retos à superfície do papel, pulando a uma altura maior que o diâmetro do disco, e então afundando abaixo do papel para uma distância igual, mas repetindo esse movimento recíproco várias vezes por segundo. (Claro que estou falando em termos relativos e não de forma literal. Na realidade, a esfera que o disco em forma de moeda representa é tão fina que parece ser invisível para o mais potente microscópio. Porém, proporcionalmente a esse tamanho, a sua vibração é como eu descrevi). Em D, o único movimento é uma procissão ao redor do círculo, mas há aí uma imensa quantidade de energia latente, que se manifesta assim que as combinações têm lugar. Nós nos esforçamos para ilustrar isso em E e F. Os dois átomos positivos em A e B continuam quando, nestas condições, combinam suas prévias atividades violentas. De fato, o seu vigor é grandemente intensificado, enquanto os átomos em D, embora ainda se movam ao longo do mesmo caminho circular, aceleram sua velocidade tão enormemente que eles param de ser visíveis como átomos separados, parecendo-se com um anel brilhante.

As primeiras quatro moléculas descritas acima pertencem ao tipo que, em *Occult Chemistry*[24] *(Química Oculta)*, a Dra. Besant dá o nome de matéria hypermetaprotoelemental. De fato, eles podem ser idênticos a alguns que ela desenhou para o livro. Porém, E e F, sendo compostos, devem ser entendidos como trabalhando no próximo subplano, que ela chama de supereterético, e dessa forma seriam classificados como matéria metaproto. O tipo B é bem mais comum que o tipo A. Naturalmente se segue que no fluido nervoso, o qual é o resultado final da confluência, nós encontramos muito mais exemplos de F e E. Esse fluido nervoso é portanto uma corrente de vários elementos, contendo espécies de cada um dos tipos mostrados na Figura 4: simples e compostas, casadas e solteiras, individuais, solteironas e pares conjugais, todos avançando juntos.

O maravilhosamente energético movimento para cima e para baixo do átomo central nas combinações E e F dá a eles um formato bastante incomum em seus campos magnéticos, como mostrado na Figura 6 na próxima página.

A metade superior dessa figura parece-me ter uma semelhança notável com o *linga*[25] que é frequentemente visto na frente dos templos de *Shiva* na Índia. Disseram-me que o *linga* é um emblema de poder criador e

---

[24] *Op. Cit.* 2ª ed., p. 25; 3ª ed., 1951. (Nota Ed. Inglesa)

[25] *Linga* ou *Lingam*: Um signo ou símbolo de criação abstrata. A Força converte-se no órgão de procriação masculino apenas nesta Terra. Na Índia há doze grandes *Lingams* de *Shiva*. Vide *Glossário Teosófico*, São Paulo: Editora Ground. (Nota Ed. Bras.)

que devotos indianos o veem como se estendendo para baixo, dentro da Terra, na mesma extensão que se ergue para o alto. Perguntei a mim mesmo se os hindus antigos sabiam sobre essa molécula especialmente ativa e da imensa importância de seu papel no suporte da vida humana e animal; e se eles esculpiram seu símbolo em pedra como um registro de seu conhecimento oculto.

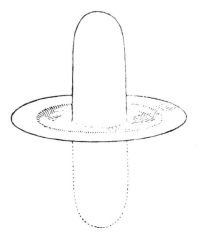

Figura 6 - Forma Combinada das Forças

O SISTEMA SIMPÁTICO

Anatomistas descrevem dois sistemas nervosos no corpo humano: o cérebro-espinhal e o simpático. O cérebro-espinhal começa com o cérebro, continua para baixo na medula espinhal e se ramifica para todas as partas do corpo através dos gânglios dos quais saem os nervos entre cada duas vértebras sucessivas. O sistema simpático consiste em dois nervos que correm quase até todo o comprimento da coluna, situado um pouco para frente de seu eixo, para a direita e a esquerda respectivamente. Dos gânglios desses dois nervos, que não são tão numerosos como os da medula espinhal, nervos simpáticos procedem para formar o sistema em rede chamado de plexo, do qual, por sua vez, como em estações de retransmissão, emergem nervos e gânglios terminais menores. Estes dois sistemas são, entretanto, inter-relacionados em uma grande variedade de formas, por muitos nervos conectores, e não devemos pensar que são dois organismos neurais distintos. Adicionalmente nós temos um terceiro grupo chamado de nervos vagos, que ascendem pela medula oblongata e descem independentemente no corpo, misturando-se constantemente com os nervos e plexos dos outros sistemas.

A medula espinhal, o nervo simpático esquerdo e o nervo vago esquerdo estão todos aparentes na Ilustração 6. Ela exibe as conexões nervosas entre os gânglios espinhal e simpático, e os canais pelos quais esses emitem nervos para formar os plexos principais do sistema simpático. Notar-se-á que há uma tendência para os plexos inclinarem-se a partir do gânglio do qual tiveram origem, de forma que, por exemplo, o plexo solar ou celíaco depende fortemente do grande nervo esplâncnico, mostrado em nossa Ilustração como subindo do quinto gânglio torácico, que, por sua vez, está conectado com o quarto gânglio torácico espinhal, que está quase em nível horizontal com o coração, mas o nervo desce e se junta aos nervos esplâncnicos menores e mínimo que emergem do gânglio torácico inferior, que por sua vez passa pelo diafragma e vai para o plexo solar. Existem também outras conexões entre esse plexo e os tecidos nervosos, mostrado até certo ponto na Ilustração, mas muito complicado para descrever. Os nervos principais que levam até o plexo cardíaco se dobram para baixo de forma similar. No caso do plexo faríngeo, há apenas uma pequena queda, e o plexo carótido ascende a partir do nervo carótido interno, vindo do gânglio simpático cervical superior.

OS CENTROS NA COLUNA VERTEBRAL

Há uma inclinação similar na haste etérica que conecta as flores ou *chakras* na superfície do Duplo Etérico com seus correspondentes centros na coluna vertebral, que estão situados aproximadamente nas posições mostradas em vermelho na Ilustração 6, e detalhadas na Tabela 2. Os raios que irradiam dos *chakras* suprem de força esses plexos simpáticos para auxiliá-los em seu trabalho de retransmissão. No atual estado de nosso conhecimento, parece-me precipitado identificar os *chakras* com os plexos, como alguns autores têm feito.

O plexo hipogástrico ou pélvico está sem dúvidas conectado de alguma forma com o *chakra Svādhisthana*, situado perto dos órgãos genitais, que é mencionado em livros indianos, mas não é usado em nosso esquema de desenvolvimento. Os plexos agrupados em conjunto nessa região estão provavelmente subordinados amplamente ao plexo solar em todas as questões de atividade consciente, já que os dois e o plexo esplênico estão conectados muito próximos com ele por inúmeros nervos.

Nome do *Chakra*	Posição na Superfície	Posição aproximada do *Chakra* espinhal	Plexo simpático	Plexo subsidiário principal
Raíz	Base da Coluna Vertebral	4º Sacral	Coccígeo	—
Baço	Sobre o baço	1º lombar	Esplênico	—
Umbigo	Sobre o Umbigo	8ª toráxica	Celíaco ou solar	Hepático, pilórico, gástrico, mesentérico, etc.
Coração	Sobre o Coração	8ª cervical	Cardíaco	Pulmonar, coronário, etc.
Garganta	Na Garganta	3ª Cervical	Faríngeo	—
Testa	Na testa	1ª Cervical	Carótido	Cavernoso e gânglios cefálicos em geral

Tabela 2 - Os *Chakras* e os Plexos

O *chakra* coronário não está conectado a nenhum plexo simpático do corpo físico, mas está associado com a glândula pineal e com o corpo pituitário, como veremos no Capítulo 4. Está também relacionado ao desenvolvimento do encéfalo e do sistema de nervos da coluna vertebral.

Sobre a origem e as relações dos sistemas simpático e cérebro-espinhal, a Dr. Annie Besant escreve em *A Study in Consciousness (Um Estudo sobre a Consciência)*.[26]

Retornando desta digressão no reino humano, vejamos como começa e é levado adiante a construção do sistema nervoso por meio dos impulsos vibratórios do astral. Encontramos um pequenino grupo de células nervosas e diminutos processos unindo-as. Isto é formado pela ação de um centro que previamente apareceu no corpo astral – sobre o qual será dito mais adiante –, uma agregação de matéria disposta de modo a formar um centro para receber e responder a impulsos oriundos do exterior. Desse centro astral, as vibrações passam para o corpo etérico, causando pequenos redemoinhos etéricos que atraem para si partículas de matéria física mais densa, formando finalmente uma célula nervosa e grupos de células nervosas. Esses centros físicos, recebendo vibrações do mundo externo, enviam impulsos de volta aos centros astrais, aumentando suas vibrações; assim o centro físico e o astral agem e reagem mutuamente, tornando-se cada vez mais eficazes.

À medida que avançamos para o reino animal, encontramos o sistema nervoso físico constantemente se aprimorando e se tornando um fator cada vez mais dominante no corpo; e esse sistema primeiramente formado torna-se, nos vertebrados, o sistema simpático, controlando e energizando os órgãos vitais – o

---

[26] BESANT, Annie. *Um Estudo sobre a Consciência*. Brasília: Ed. Teosófica, 2014, p. 100-101. (Nota Ed. Bras.)

coração, os pulmões, o trato digestivo. Paralelamente desenvolve-se lentamente o sistema cérebro-espinhal, ligado intimamente ao simpático em suas atuações inferiores, tornando-se gradualmente mais e mais dominante – quando também se torna, no seu desenvolvimento mais importante, o órgão normal para a expressão da 'consciência de vigília'.

O sistema cérebro-espinhal é construído por impulsos originários no Plano Mental, e não no Astral, e está relacionado apenas indiretamente ao Astral através do sistema simpático, construído a partir do Astral.[27]

VITALIDADE

Todos nós conhecemos o sentimento de alegria e bem-estar que a luz do sol nos traz, mas apenas estudantes de Ocultismo estão totalmente a par das razões dessa sensação. Assim como o sol inunda seu Sistema com luz e calor, ele também lança perpetuamente nele outra força ainda não suspeitada pela ciência moderna: uma força à qual foi dado o nome de "vitalidade". Ela é irradiada em todos os níveis e se manifesta em cada reino (físico, emocional, mental e nos demais), mas no momento, nós estamos especialmente interessados em seu aspecto inferior, onde ela penetra em alguns dos átomos físicos, aumentando sua atividade imensamente e tornando-os animados e brilhantes. Esta ação se diferencia de muitas maneiras da ação tanto da eletricidade, quanto da luz e do calor. Qualquer uma das variantes dessa última força causa oscilação do átomo como um todo, uma oscilação cujo tamanho é enorme quando comparado ao tamanho do átomo. Porém, essa outra força que nós chamamos de vitalidade chega ao átomo não por fora, mas por dentro.

---

[27] *Op. Cit.* p. 104-105. (Nota Ed. Inglesa)

O GLÓBULO DE VITALIDADE

O átomo por si só é nada mais do que a manifestação de uma força. A Divindade Solar determina uma certa forma que nós chamamos de átomo físico ultérrimo (Figura 7). Por esse esforço de Sua vontade quatorze bilhões de "bolhas em *Koilon*"[28] são mantidas nessa forma particular. É necessário enfatizar o fato de que a coesão dessas bolhas, nessa forma, é inteiramente dependente do esforço da vontade, de maneira que se ela fosse por um instante retirada, as bolhas cessariam de existir em um período bem menor do que o lampejo de um raio. É tão verdade isso que o mundo nada mais é que uma ilusão, mesmo deste ponto de vista, para não dizer que essas bolhas das quais o átomo é construído são, elas mesmas, apenas buracos em *Koilon*, o verdadeiro éter do espaço.

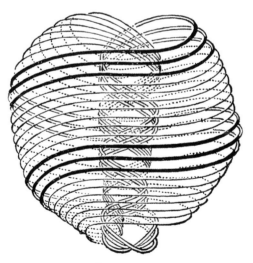

Figura 7 - O Átomo Físico Ultérrimo

---

[28] *Koilon* vem do grego *koila*, que significa vazio ou cavidade. Em Teosofia, tem o sentido de matéria primordial ou éter do espaço, a raiz última da matéria. (Nota do Trad.)

Assim, é a força de vontade da Divindade Solar, continuamente exercida, que mantém o átomo unido de tal forma. Quando nós tentamos examinar a ação dessa força, vemos que ela não chega até o átomo vinda de fora, mas flui de dentro. Ou seja, penetra no átomo vinda de dimensões superiores. O mesmo é verdade em relação a essa outra força que nós chamamos de vitalidade. Ela surge do interior do átomo, junto com a força que mantém o átomo unido, no lugar de atuar sobre ele inteiramente de fora, como fazem estas outras variedades de força que chamamos de luz, calor ou eletricidade. Quando a vitalidade flui dessa forma para dentro de um átomo, ela o dota com uma vida adicional, e lhe dá um poder de atração, de maneira que ele imediatamente atrai ao redor de si seis outros átomos, dispostos de uma forma definida, fazendo assim um elemento subatômico ou hipermetaproto, como eu já expliquei. Porém, esse elemento se diferencia de todos os outros até agora observados. Nele, a força que o cria e o mantém unido vem do Primeiro Aspecto da Divindade Solar[29] e não do Terceiro.

Esses glóbulos são conspícuos acima de todos os outros que podem ser vistos flutuando na atmosfera, em função de seu brilho e extrema atividade – a intensa e vigorosa vida que eles demonstram. Estas provavelmente são as vidas ígneas tão frequentemente mencionadas pela Sra. Blavatsky, como, por exemplo, em *The Secret Doctrine*, Vol I, p. 306, onde está escrito:

...Ensinaram-nos que todas as mudanças fisiológicas... ou melhor, a própria vida, ou preferencialmente o fenômeno objetivo da vida, produzidos por certas condições e mudanças nos tecidos do corpo, que permitem e forçam a vida a agir nesse corpo: que tudo

---

[29] Também denominado *Logos*. (Nota do Trad.)

isso se deve a esses "Criadores" e "Destruidores" invisíveis, chamados, genericamente, de micróbios. Pode-se supor que essas Vidas Ígneas e os micróbios da Ciência são idênticos. Isso não é verdade. As Vidas Ígneas são a sétima e superior subdivisão do plano da matéria, e corresponde no indivíduo à Vida Una do Universo, embora apenas neste plano da matéria.

Enquanto a força que vivifica estes glóbulos é bem diferente da luz, parece, no entanto, depender da luz para seu poder de manifestação. Sob o sol brilhante, essa vitalidade constantemente flui de forma renovada, e os glóbulos são regenerados com grande rapidez e em incríveis números, mas com o tempo nublado há uma grande diminuição no número de glóbulos formados. Durante a noite, até onde fomos capazes de perceber, a operação é inteiramente suspensa. À noite, dessa forma, podemos falar que estamos vivendo do estoque manufaturado ao longo dos dias anteriores. Embora pareça praticamente impossível que a força em algum momento se exaure, o estoque evidentemente fica escasso quando há uma longa sucessão de dias nublados. O glóbulo, uma vez carregado, permanece como um elemento subatômico, e não está sujeito a nenhuma mudança ou perda de força a menos que e até que seja absorvido por alguma criatura viva.

O SUPRIMENTO DE GLÓBULOS

A vitalidade, como luz e calor, é emanada do sol continuamente, mas obstáculos frequentemente surgem para impedir que o suprimento completo chegue à Terra. Nos climas invernosos e melancólicos chamados erroneamente de temperados, muito frequentemente acontece de por dias seguidos o céu ser coberto por um sudário de nuvens pesadas. Isso afeta a vitalidade assim como afeta a luz. Não impede por completo a sua passagem, mas diminui sensivelmente a sua quantidade. Assim, com o tempo tedioso e escuro, a vitalidade fica baixa, e todas as criaturas vivas desejam instintivamente a luz solar.

Quando os átomos vitalizados estão assim mais espaçadamente disseminados, o homem com saúde robusta aumenta seu poder de absorção, esgota uma área maior, e assim mantém sua força em níveis normais. Porém os inválidos e homens de pequena força nervosa, que não podem fazer isso, frequentemente sofrem de forma severa, e se veem cada vez mais fracos e mais irritáveis sem saber o porquê. Por razões similares, a vitalidade tem uma vazante menor no inverno do que no verão, pois mesmo se o breve dia de inverno for ensolarado, o que é raro, ainda temos que encarar a longa e triste noite de inverno, durante a qual nós precisamos existir com a vitalidade que o dia estocou em nossa atmosfera. Por outro lado, o longo dia do verão, quando brilhante e sem nuvens, carrega a atmosfera tão completamente com vitalidade, que suas curtas noites fazem pouca diferença.

Do estudo dessas questões de vitalidade, o ocultista não pode falhar em reconhecer que, independente da temperatura, a luz solar é um dos mais importantes fatores no alcance e na preservação da saúde perfeita: um fator do qual a ausência nada mais pode compensar inteiramente. Já que essa vitalidade é emanada não apenas sob o mundo físico, mas também sob todos os outros, é evidente que, quando em outros quesitos as condições satisfatórias estão presentes, emoções, intelecto e espiritualidade estarão em seu melhor debaixo de céus claros e com a inestimável ajuda da luz do sol.

FORÇAS PSÍQUICAS

As três forças já mencionadas (a primária, a vitalidade e a *kundalinī*) não estão diretamente conectadas com a vida mental e emocional do homem, mas apenas com o bem-estar de seu corpo. Porém, também há forças que penetram nos *chakras*, elas podem ser descritas como psíquicas e espirituais. Os primeiros dois centros não exibem nenhuma delas, mas o *chakra* do umbigo e os outros superiores no corpo são portas de entrada para forças que afetam a consciência humana.

Em um artigo sobre Centros de Pensamento, no livro *The Inner Life* (*A Vida Interna*)[30] eu explico que essas massas de pensamento são coisas bem definidas, ocupando um lugar no espaço. Pensamentos sobre o mesmo assunto e com o mesmo caráter tendem a se agregar. Dessa forma, para muitos assuntos, existe um centro de pensamento, um espaço definido na atmosfera, e outros pensamentos sobre a mesma matéria são atraídos para tal centro, aumentando seu tamanho e sua influência. Um pensador pode dessa maneira contribuir para um centro, mas por sua vez pode ser influenciado por ele. Essa é uma das razões por que pessoas pensam como rebanhos de ovelhas. É muito mais fácil para um homem de mentalidade preguiçosa aceitar um pensamento já fabricado de outra pessoa do que passar pelo trabalho mental de considerar os vários aspectos do assunto e chegar a uma decisão por si só.

Isso é verdade no Plano Mental em relação ao pensamento e, com devidas modificações, também é verdade no Plano Astral em relação a sentimentos. O pensamento voa como um raio pela matéria sutil do Plano Mental, de tal forma que o pensamento do mundo inteiro sobre um certo assunto pode facilmente se aglomerar

---

[30] LEADBEATER, C. W. *A Vida Interna*, Brasília: Ed. Teosófica, 1996. (Nota Ed. Bras.)

em um único local, e ainda ser acessível e atraente para todo pensador do mesmo assunto. A matéria astral, embora muito mais sutil que a física, ainda assim é mais densa que a do Plano Mental. Nem todas as grandes nuvens de formas-emoções, que são geradas no mundo astral por fortes sentimentos, voam para um único centro no mundo, mas elas aderem sim a outras formas de mesma natureza em sua própria vizinhança, de forma que enormes e muito poderosos "blocos" de sentimentos estão flutuando ao redor em quase todo lugar. Um homem pode prontamente entrar em contato com eles e ser influenciado.

A relação deste assunto com o tema em questão está no fato de que tais influências são exercidas por intermédio de um ou de outro *chakra*. Para ilustrar o que eu quero dizer, deixe-me tomar o exemplo de um homem que está cheio de medo. Aqueles que leram o livro *The Man Visible and Invisible (O Homem Visível e Invisível)*[31] lembrarão que a condição do corpo astral de tal homem é mostrada na Prancha XIV. As vibrações irradiadas por um corpo astral nesse estado irão de pronto atrair qualquer nuvem de medo que por ventura esteja na cercania. Se o homem puder rapidamente se recuperar e dominar seus medos, as nuvens irão reverter enfraquecidas, mas se o medo permanecer ou aumentar, elas irão descarregar suas energias acumuladas através de seu *chakra* umbilical. O seu medo pode se transformar em pânico exasperado, em que ele perde o controle de si mesmo completamente, e pode correr cegamente para qualquer perigo. Da mesma forma, aquele que perde o seu temperamento atrai nuvens de raiva e se torna suscetível a um influxo de sentimentos que irá mudar a sua indignação para uma fúria maníaca: condição em que o indivíduo

---

[31] LEADBEATER, C. W. *O Homem Visível e Invisível*, São Paulo: Ed. Pensamento, 1969. (Nota Ed. Bras.)

pode cometer assassinato por um impulso irresistível, quase sem se dar conta. Similarmente, um homem que se entrega à depressão pode cair num terrível estado de melancolia permanente; ou aquele que se permite ser obcecado por desejos animais pode se transformar temporariamente em um monstro de luxúria e sensualidade, e pode, sob essa influência, cometer crimes cujo pensamento irá horrorizá-lo quando ele recuperar sua razão.

Todas essas correntes indesejáveis chegam até o homem pelo *chakra* do umbigo. Felizmente há outras possibilidades superiores. Por exemplo, há nuvens de afeição e de devoção, e aquele que sente essas nobres emoções recebe, por seu *chakra* do coração, um maravilhoso aprimoramento delas, tal como é retratado por mim em *The Man Visible and Invisible (O Homem Visível e Invisível)* nas Pranchas XI e XII.

O tipo de emoção que afeta o *chakra* do umbigo da forma anteriormente mencionada está indicado no no livro *A Study in Consciousness (Um Estudo sobre a Consciência)* da Dra. Besant, onde ela divide as emoções em duas classes, aquelas do amor e aquelas do ódio. Todas aquelas do lado do ódio trabalham no *chakra* do umbigo, mas as do lado do amor operam no coração. Ela escreve:

> Vimos que o desejo tem duas expressões principais: desejo de atrair, para possuir, ou para entrar em contato com qualquer objeto que tenha previamente proporcionado prazer; desejo de repelir, para afastar ou para evitar o contato com qualquer objeto que tenha previamente infligido dor.
>
> A emoção, sendo desejo mesclado com intelecto, inevitavelmente manifesta a mesma divisão em dois. Chama-se "amor" a emoção que é da natureza da atração, atraindo os objetos entre si pelo prazer, a energia integradora no Universo. A emoção que é da natureza de repulsa, afastando os objetos uns dos outros pela dor, a energia desintegradora do Universo,

Os Chakras 67

é chamada "ódio". Estes são os dois troncos da raiz do desejo, e todos os ramos das emoções podem ser traçados a partir de um desses.

Daí a identidade das características de desejo e emoção: o amor busca atrair para si o objeto atraente, ou ir atrás dele para a ele se unir, para possuir ou ser possuído por ele. Ele prende pelo prazer, pela felicidade, tal qual o desejo. Seus laços, de fato mais duradouros, mais complexos, são compostos de fios mais numerosos e mais delicados, entrelaçados, em maior complexidade, mas a essência do desejo-atração, a união de dois objetos, é a essência da emoção-atração do amor.

E similarmente o ódio busca afastar de si o objeto de repulsa, ou fugir dele, para se afastar, repelir ou ser repelido. Ele separa pela dor, pela infelicidade. E assim a essência do desejo-repulsão, a separação de dois objetos, é a essência da emoção-repulsão, do ódio. Amor e ódio são as formas elaboradas e infundidas pelo pensamento de desejos simples de possuir e de evitar.[32]

Mais adiante, a Dra. Besant explica que cada uma dessas duas grandes emoções se subdividem em três partes, de acordo com o homem que as tem. Se ele as sente de forma forte ou fraca.

Considerando-se essas duas classes de emoções de amor, vemos que a essência comum em uma classe é benevolência, e na outra reverência. A primeira é amor olhando para baixo, sobre os mais fracos, inferiores a si mesmo; a outra, o amor olhando para cima, para os mais fortes, superiores a si mesmo. E podemos então generalizar e dizer: O amor que olha para baixo é benevolência; o amor que olha para cima é reverência; e essas são universalmente as várias ca-

---

[32] BESANT, Annie. *Um Estudo sobre a Consciência*. Brasília: Ed. Teosófica, 2014, p. 198-199. (Nota. Ed. Bras.)

racterísticas comuns do amor dos superiores para com os inferiores, e do amor dos inferiores para com os superiores.[33]

As relações normais entre marido e mulher e entre irmãos nos fornecem o campo para estudo das manifestações do amor entre iguais. Vemos o amor manifestando-se como ternura mútua e confiança mútua, como consideração, respeito e desejo de servir; a rápida compreensão dos desejos do outro e o esforço para realizá-los, como magnanimidade e paciência. Os elementos presentes nas emoções de amor do superior para com o inferior são encontrados aqui, mas a reciprocidade está impressa em todas elas. E assim podemos dizer que a característica comum do amor entre iguais é o desejo de ajuda mútua.

Desse modo, temos a benevolência, o desejo de ajuda mútua, e a reverência como as três principais divisões da emoção do amor, e sob elas podem ser classificadas todas as emoções de amor, pois todas as relações humanas estão resumidas sob as três classes: as relações de superiores para com inferiores, entre iguais, e de inferiores para superiores.

Ela então explica as emoções do ódio da mesma forma:

...descobrimos que o ódio olhando para baixo é desprezo, e o ódio que olha para cima é medo. De modo semelhante, o ódio entre iguais irá manifestar-se como ira, combatividade, desrespeito, violência, agressividade, ciúme, insolência, etc. – todas as emoções que afastam um homem de outro quando se colocam como rivais, face a face, não de mãos dadas. A característica comum do ódio entre iguais será então a ofensa mútua. As três principais características da emoção do ódio são desprezo, desejo de ofensa mútua e medo.

---

[33] *Ibidem*, p. 200-201. (Nota Ed. Bras.)

O amor é caracterizado em todas as suas manifestações pela compaixão, autossacrifício, o desejo de dar; Esses são seus fatores essenciais, quer como benevolência, como desejo de ajuda mútua ou como reverência, pois todas essas coisas servem diretamente à atração, produzem união, são da própria natureza do amor. Por isso o amor é o do Espírito; compaixão é sentir pelo outro como se sentiria por si mesmo; autossacrifício é o reconhecimento da reivindicação do outro como sua própria; dar é a condição para a vida espiritual. Assim, o amor é visto como pertencendo ao Espírito, para o lado da "vida" do Universo.

O ódio, por outro lado, é caracterizado em todas as suas manifestações pela antipatia, autoengrandecimento, e o desejo de tomar; esses são os seus fatores essenciais, sejam como desprezo, desejo de ofensa mútua ou medo. Todos esses fatores servem diretamente à repulsão, separando um do outro. Por isso, o ódio é da matéria, enfatiza a multiplicidade e as diferenças, é essencialmente separatividade, e pertence ao lado da "forma" do Universo.[34]

---

[34] *Ibidem*, p. 201-202. (Nota Ed. Bras.)

CAPÍTULO 3
A ABSORÇÃO DE VITALIDADE

O GLÓBULO

O glóbulo de vitalidade, embora inconcebivelmente pequeno, é tão brilhante que é frequentemente visto até por aqueles que não são, no senso comum, clarividentes. Muitos homens, olhando para o horizonte distante, especialmente sobre o mar, irão notar contra o céu um número de pontos de luz, os menores possíveis, correndo em todas as direções com surpreendente rapidez. Estes são os glóbulos de vitalidade, cada um consistindo de sete átomos físicos, como mostrado na Figura 5C – as Vidas Ígneas, partículas carregadas com aquela força que os hindus chamam de *prāna*. É extremamente difícil ter certeza do significado ligado aos termos em sânscrito, em função de o método de estudos indiano ser muito diferente do nosso. Porém, eu penso que nós podemos tomar seguramente *prāna* como o equivalente à nossa vitalidade.

Quando esse glóbulo está piscando sobre a atmosfera, brilhante como é, ele é quase sem cor, e brilha com uma luz branca ou levemente dourada. Porém, assim que é atraído para o vórtice do centro de força do baço, ele é decomposto e se quebra em correntes de diferentes cores, embora não siga exatamente nossa divisão do espectro. Como seus átomos componentes giram ao redor do vórtice, cada um dos seis raios se apodera de um deles, de modo que todos os átomos carregados de amarelo fluem ao longo de um, e todos os carregados de verde ao longo de outro, e assim por diante, enquanto o sétimo desaparece através do centro do vórtice – se-

Os Chakras 71

melhante ao cubo de uma roda, por assim dizer. Estes raios então passam em diferentes direções, cada um para fazer o seu trabalho especial na vitalização do corpo. A Ilustração 9 dá uma representação diagramática desses caminhos do *prāna* disperso.

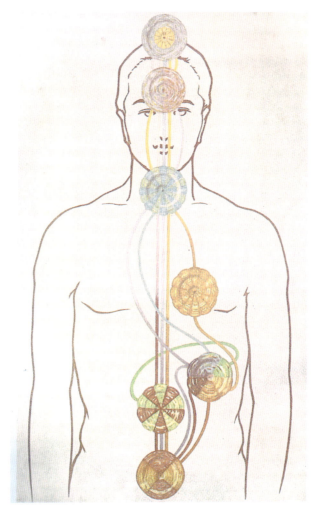

Ilustração 9 - As Correntes de Vitalidade

Como eu havia dito, as cores das divisões de *prāna* não são exatamente aquelas que comumente usamos no espectro solar, mas, em vez disso, lembram o arranjo de cores que nós vemos em níveis superiores nos corpos causal, mental e astral. O que chamamos de índigo é dividido entre o raio violeta e o raio azul, de forma que nós encontramos lá duas divisões no lugar de três. Porém, por outro lado, o que usualmente chamamos de vermelho é dividido em dois: rosa-avermelhado e vermelho-escuro. As seis irradiações são assim: violeta, azul, verde, amarelo, laranja e vermelho-escuro; enquanto o sétimo ou átomo rosa-avermelhado (mais propriamente o primeiro, já que esse é o átomo original no qual a força primeiro aparece) passa através do centro do vórtice. A vitalidade é assim claramente sétupla em sua constituição, mas ela flui pelo corpo em cinco grandes correntes, como afirmado em alguns dos livros indianos, uma vez que, depois de serem emitidos do centro esplênico, o azul e o violeta se juntam em um único raio, assim como o laranja e o vermelho-escuro (Ilustração 9).

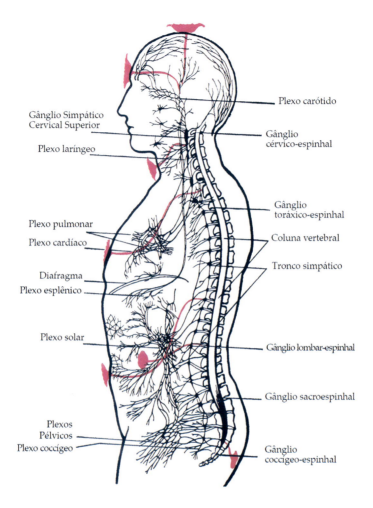

Ilustração 10 - Os *Chakras* e o Sistema Nervoso

1. O RAIO AZUL

O raio azul-violeta reluz para cima, para a garganta, onde ele parece se subdividir. O azul-claro permanece para percorrer e avivar o centro da garganta, enquanto o azul-escuro e o violeta passam adiante para o cérebro. O azul-escuro é despendido na parte mais inferior e central do cérebro, enquanto o violeta inunda a parte de cima, e parece dar vigor especial ao centro de força no topo da cabeça, se difundindo principalmente através das novecentas e sessenta pétalas da parte mais externa do centro.

2. O RAIO AMARELO

O raio amarelo é direcionado para o coração, mas, depois de fazer o seu trabalho lá, uma parte dele também passa para o cérebro e o penetra, direcionando-se principalmente para a flor de doze pétalas no meio do centro de força mais alto.

3. O RAIO VERDE

O raio verde flui para o abdômen e, uma vez que se centraliza especialmente no plexo solar, evidentemente vivifica o fígado, os rins e os intestinos, e o aparato digestivo em geral.

4. O RAIO ROSA

O raio rosa corre por todo o corpo ao longo dos nervos e é claramente a vida do sistema nervoso. Essa é a vitalidade especializada que um homem pode prontamente verter para outro que a tenha deficiente. Se os nervos não forem supridos por completo com essa luz rosa, eles se tornam sensíveis e intensamente irritáveis, de forma que o paciente praticamente não consegue permanecer em uma única posição, e mesmo assim sente pouco alívio quando se move para outra. O mínimo barulho ou toque é agonia para ele, e está em uma condição de miséria aguda. O inundar de seus nervos, com *prāna* especializado de uma pessoa saudável, traz alívio instantâneo, e uma sensação de cura e paz cai sobre ele.

Um homem de saúde robusta especializa essa vitalidade e a absorve tão mais além do que é realmente necessário pelo seu próprio corpo, que ele está constantemente irradiando uma corrente de átomos cor-de-rosa, e assim inconscientemente verte força sobre seus colegas mais fracos sem ele mesmo perder nada; ou, por um esforço de sua vontade, ele pode juntar essa energia supérflua e mirá-la intencionalmente para alguém que ele queira ajudar.

O corpo físico tem uma certa consciência instintiva própria e cega, que costumamos chamar de elemental físico. Ele corresponde no mundo físico ao elemental de desejo do corpo astral. Essa consciência procura sempre proteger o seu corpo do perigo, ou adquirir para si seja lá o que for necessário. É completamente distinta da consciência do próprio homem e funciona igualmente bem durante a ausência do Ego de seu corpo físico durante o sono. Todos os nossos movimentos instintivos são devidos a ela. É por sua atividade que o trabalho do sistema simpático é levado adiante incessantemente sem nenhum pensamento ou conhecimento de nossa parte.

Enquanto nós estamos no estado que chamamos de vigília, esse elemental físico está perpetuamente ocupado com sua autodefesa. Ele está em uma condição de constante vigilância e mantém os nervos e os músculos sempre tensos. Durante a noite ou a qualquer momento enquanto dormimos, ele permite que os nervos e os músculos relaxem, devotando-se especialmente para a assimilação de vitalidade e recuperação do corpo físico. Ele trabalha nisso com mais sucesso durante a parte inicial da noite, porque nesse momento há bastante vitalidade, enquanto imediatamente antes do amanhecer a vitalidade que foi deixada pela luz solar está quase completamente exaurida. Essa é a razão para a sensação de fraqueza e morte associada com as pequenas horas da manhã. Essa também é a razão por que pessoas doentes tão frequentemente morrem nessa hora em particular. A mesma ideia está incorporada no velho provérbio que diz que uma hora de sono antes da meia-noite vale duas depois dela. O trabalho desse elemental físico é responsável pela forte influência recuperativa do sono, que é frequentemente observável mesmo quando é um mero cochilo momentâneo.

Essa vitalidade é na verdade o alimento do Duplo Etérico, e é tão necessária para ele como é o sustento material para a parte mais grosseira do corpo físico. Consequentemente, quando o centro esplênico é incapaz, por alguma razão (doença, fadiga ou idade extrema), de produzir vitalidade para a nutrição dessas células do corpo, esse elemental físico se esforça para atrair para o seu próprio uso a vitalidade que já foi produzida nos corpos de outros. Assim, acontece de frequentemente nos sentirmos fracos e exaustos depois de sentar por um tempo com uma pessoa que está esgotada de vitalidade, em função de ela ter absorvido os nossos átomos rosa por sucção, antes de sermos capazes de extrair a energia desses átomos.

O reino vegetal também absorve essa vitalidade, mas parece, na maioria dos casos, usar apenas uma pequena parte. Muitas árvores extraem dela quase exatamente os mesmos constituintes que são extraídos pela parte superior do corpo etérico do homem, e quando elas usam o que precisam, os átomos que rejeitam são precisamente aqueles carregados com luz cor-de-rosa, os necessários para as células do corpo físico do homem. Esse é especialmente o caso de tais árvores como o pinheiro e o eucalipto. Consequentemente, a própria vizinhança dessas árvores dá saúde e força àqueles que sofrem da falta dessa parte do princípio vital – aqueles que nós chamamos de pessoas nervosas. Elas são nervosas porque as células de seus corpos estão famintas, e o nervosismo só pode ser dissipado quando forem alimentadas. Com frequência, a forma mais rápida de fazer isso é supri-las de fora com o tipo especial de vitalidade que elas precisam.

5. O RAIO VERMELHO-ALARANJADO

O raio vermelho-alaranjado flui para a base da coluna vertebral e daí para os órgãos genitais, com os quais uma parte de suas funções está conectada de perto. Esse raio parece incluir não apenas o laranja e o vermelho-escuro, mas também um certo tipo de roxo-escuro, como se o espectro dobrasse em um círculo e as cores começassem de novo em uma oitava menor.

Cores da Vitalidade	*Chakra* por onde penetram	Cores dadas em *A Doutrina Secreta*	Princípios Representados
Azul-pálido	Laríngeo	Azul	*Ātmā*
Amarelo	Cardíaco	Amarelo	*Buddhi*
Azul-escuro	Frontal	Anil	*Manas* superior
Verde	Umbilical	Verde	*Manas* inferior
Rosado	Esplênico	Vermelho	Astral
Violeta	Coronário	Violeta	Etérico
Laranja-avermelhado purpúreo	Fundamental e depois coronário	—	—

Tabela 3 – *Prāna* e os Princípios

No homem normal, esse raio energiza os desejos da carne, e também parece entrar no sangue e ajudar a manter o calor do corpo. Porém, se um homem persistentemente se recusar a se entregar à sua natureza inferior, esse raio, por um longo e determinado esforço, pode ser defletido para cima, para o cérebro, onde todos os três de seus constituintes passam por uma modificação notável. O laranja é elevado para o amarelo puro, e produz uma decisiva intensificação dos poderes do intelecto; o vermelho-escuro se torna carmesim, e grandemente aumenta a qualidade de afeição altruísta; enquanto o roxo-escuro é transmutado no amoroso violeta-pálido, e acelera a parte espiritual da natureza do homem. O homem que alcança essa transmutação constatará que os desejos sensuais não mais o perturbam, e quando se torna para ele necessário despertar as camadas superiores do fogo-serpentino, ele estará livre do mais sério dos perigos desse processo. Quando um homem finalmente completa essa mudança, esse raio vermelho-alaranjado passa direto para o centro na base da coluna, e deste ponto corre para cima ao longo da cavidade da coluna vertebral, e dessa forma para o cérebro.

Parece ter uma certa correspondência (Tabela 3) entre as cores das correntes dos fluxos de *prāna* para os vários *chakras* e as cores atribuídas pela Sra. Blavatsky aos princípios do homem no seu diagrama em *The Secret Doctrine*, Volume V.

OS CINCO *PRĀNA-VĀYUS*

Nos livros hindus há frequentemente referência aos cinco principais *vāyus* ou *prānas*. O *Gheranda Samhita* apresenta brevemente suas posições a seguir:

O *prāna* se move sempre no coração; o *apāna* na esfera do ânus; o *samāna* na região do umbigo; o *udāna* na garganta; e o *vyāna* permeia todo o corpo.[35]

---

[35] *Op. Cit.* VV. 61-2. *Sacred Books of the Hindus Series.* Trans. Sri Chandra Vidyarnava. (Nota Ed. Inglesa.)

Inúmeros outros livros dão a mesma descrição, e não dizem mais sobre suas funções, porém alguns adicionam um pouco mais de informação, como segue:

O ar chamado de *vyāna* carrega a parte essencial em todos os nervos. O alimento, assim que é ingerido, é dividido em dois por esse ar. Tendo entrado perto do ânus, ele separa as porções sólida e líquida; tendo colocado a água sobre o fogo, o sólido sobre a água, o próprio *prāna*, permanecendo abaixo do fogo, o inflama lentamente. O fogo, inflamado pelo ar, separa a substância dos resíduos. O ar *vyāna* faz a essência ir a todos os lugares, e os resíduos, forçados pelos doze portais, são ejetados do corpo.[36]

Os cinco ares assim descritos parecem concordar razoavelmente bem com as cinco divisões de vitalidade que nós observamos, como mostrado na tabela a seguir:

Prāna-Vāyu; região afetada	Raio de vitalidade	Principal *Chakra* afetado
Prāna; coração	Amarelo	Cardíaco
Apāna; ânus	Vermelho-alaranjado	Básico
Samāna; umbigo	Verde	Umbilical
Udāna, garganta	Azul-violeta	Laríngeo
Vyāna; o corpo todo	Rosa	Esplênico

Tabela 4 - Os Cinco *Prāna-Vāyus*

VITALIDADE E SAÚDE

O fluxo de vitalidade nas várias correntes regula a saúde das partes do corpo com as quais está conectado. Se alguma pessoa está sofrendo de uma digestão fraca, isso se manifesta imediatamente para qualquer pessoa

---

[36] *Garuda Purana*, XV, 10-3. *Sacred Books of the Hindu Series.* Trans Wood. (Nota Ed. Inglesa)

que possua visão etérica, porque tanto o fluxo quanto a ação da corrente verde estão lentas, ou a sua quantidade é menor proporcionalmente ao que deveria ser. Onde a corrente amarela é completa e forte, indica, ou mais propriamente produz, força e regularidade na ação do coração. Fluindo ao redor desse centro, ele também interpenetra o sangue que é dirigido através dele, e é enviado com ele ao longo de todo o corpo. Mesmo assim, há o suficiente também para estender até o cérebro. O poder de um elevado pensamento filosófico e metafísico parece depender em grande medida do volume e da atividade dessa corrente amarela, assim como o correspondente despertar da flor de doze pétalas no meio do centro de força no topo da cabeça.

O pensamento e a emoção de um tipo espiritual elevado parecem depender largamente do raio violeta, enquanto o poder do pensamento comum é estimulado pela ação do azul misturado com parte do amarelo. Em algumas formas de inépcia, o fluxo de vitalidade para o cérebro, ambos amarelo e azul-violeta, é quase inteiramente inibido. Uma atividade ou volume incomum do azul-claro, que é repartido para o centro da garganta, denota saúde e força dos órgãos físicos, nesta parte do corpo, e dá força e elasticidade para as cordas vocais, de modo que esse brilho e atividade especiais são notáveis no caso de um orador público ou de um grande cantor. Fraqueza ou doença, em qualquer parte do corpo, são acompanhadas por uma deficiência no fluxo de vitalidade para essa parte.

O DESTINO DOS ÁTOMOS VAZIOS

À medida que as diferentes correntes de átomos fazem o seu trabalho, a carga de vitalidade é retirada deles, precisamente como uma carga elétrica deve ser.

Os átomos carregando o raio cor-de-rosa ficam cada vez mais pálidos, enquanto são movidos ao longo dos nervos, e eventualmente jogados para fora do corpo pelos poros – criando assim aquilo que é chamado, em *The Man Visible and Invisible (O Homem Visível e Invisível)*, de aura de saúde. No momento em que deixam o corpo, a maioria deles perde a luz rosa colorida, de forma que a aparência geral das emanações é branca azulada. A parte do raio amarelo que é absorvida pelo sangue, e carregada por ele ao redor do corpo, perde a sua distinta cor da mesma maneira.

Os átomos, quando assim esvaziados de sua carga de vitalidade, ou entram em alguma das combinações que são constantemente fabricadas no corpo ou passam para fora dele pelos poros ou pelos canais comuns. Os átomos vazios do raio verde, que estão conectados principalmente com o processo digestivo, parecem formar parte do material residual do corpo, e passar para fora junto com ele. Esse também é o destino dos átomos do raio vermelho-alaranjado no caso do homem comum. Os átomos pertencentes ao raio azul, que são usados em conexão com o centro da garganta, geralmente deixam o corpo nas exalações da respiração. Aqueles que compõem os raios azul-escuro e violeta usualmente passam para fora do corpo pelo centro no topo da cabeça.

Quando o estudante aprende a defletir os raios vermelho-alaranjados, de forma que eles também se movam para cima pela coluna vertebral, os átomos vazios tanto deles quanto dos raios azul-violeta são derramados para fora pelo topo da cabeça numa ígnea cascata que, como já vimos na Figura 2, é frequentemente imaginada como uma chama em estátuas antigas do Senhor Buda e de outros grandes santos. Estes átomos são, desse modo, usados novamente como veículos físicos de algumas das gloriosas e beneficentes forças que homens altamente evoluídos irradiam desse *chakra* da coroa.

Quando vazios da força vital, os átomos ficam mais uma vez precisamente como qualquer outro átomo, exceto que eles evoluem de alguma forma pelo uso que foi feito deles. O corpo absorve o quanto deles é necessário, de modo que eles formam parte das várias combinações que estão constantemente sendo feitas, enquanto outros, que não são necessários para tal propósito, são jogados fora por qualquer canal que por ventura seja conveniente.

O fluxo de vitalidade para dentro ou através de qualquer centro, ou até a sua intensificação, não deve ser confundido com o desenvolvimento inteiramente diferente do centro que é levado adiante pelo despertar dos níveis mais elevados do fogo-serpentino, num estágio posterior na evolução humana, com o qual nós devemos lidar no próximo capítulo. Todos nós absorvemos vitalidade e a especializamos, mas muitos de nós não a utilizam ao máximo, porque de várias maneiras nossas vidas não são puras, salutares e razoáveis como deveriam ser. Aquele que torna o seu corpo grosseiro com o uso de carne, álcool ou tabaco não pode nunca empregar a sua vitalidade ao máximo, da mesma maneira como pode um homem de vida pura. Um indivíduo em particular de vida impura pode ser, e frequentemente é, mais forte no corpo físico do que outro homem que é mais puro. Isso é uma questão de seus *karmas* respectivos. Porém, em igualdade de condições, o homem de vida pura tem uma vantagem imensa.

Todas as cores dessa sequência de vitalidade são etéricas. Mesmo assim, será visto que a sua ação apresenta certa correspondência com o significado ligado a tons similares no corpo astral. Claramente, o correto pensamento e o correto sentimento reagem sobre o corpo físico e aumentam o seu poder de assimilar a vitalidade que é necessária para o seu bem-estar. Foi reportado que o Senhor Buda disse certa vez que o primeiro passo na estrada para o *Nirvāna* é a saúde física perfeita; e seguramente a forma de alcançar isso é seguir a Nobre Senda Óctupla que ele indicou."Procure primeiro o Reino de Deus e sua retidão, e todas essas coisas vos serão acrescentadas" [*Mateus* 6:33], sim, inclusive saúde física.

VITALIDADE E MAGNETISMO

A vitalidade percorrendo ao longo dos nervos não deve ser confundida com aquilo que nós usualmente chamamos de magnetismo do homem – seu próprio fluido nervoso, especializado na coluna vertebral e composto da força vital primária misturada com a *kundalinī*. É esse fluido que mantém a constante circulação de matéria etérica ao longo dos nervos, correspondendo à circulação do sangue pelas artérias e veias. Assim como o oxigênio é levado pelo sangue para todas as partes do corpo, também a vitalidade é levada ao longo dos nervos por essa corrente etérica. As partículas da parte etérica do corpo do homem estão constantemente mudando, tal como estão aquelas da parte densa. A matéria etérica está constantemente sendo jogada para fora pelos poros, assim como a matéria gasosa, de forma que, quando duas pessoas estão próximas, cada uma absorve muito das emanações físicas da outra.

Quando uma pessoa mesmeriza outra, o mesmerizador, por um esforço da vontade, junta uma grande quantidade desse magnetismo e o joga no sujeito, empurrando para trás o fluido nervoso do seu paciente, e preenchendo com o seu próprio em seu lugar. Como o cérebro é o centro dessa circulação nervosa, isso leva a parte do corpo do sujeito que é afetada para o controle do cérebro do mesmerizador no lugar do cérebro do paciente. Então, esse último sente o que o mesmerizador deseja que ele sinta. Se o cérebro do receptor for esvaziado de seu próprio magnetismo e preenchido com o do mesmerizador, o primeiro só poderá pensar e agir como o último deseja que ele pense ou aja. Ele está, por hora, inteiramente dominado.

Mesmo quando o magnetizador está tentando curar, vertendo força para o homem, ele inevitavelmente infunde juntamente com a vitalidade muito de suas próprias emanações. É óbvio que qualquer doença que o mesmerizador por acaso tenha pode de pronto ser transmitida para o sujeito dessa maneira. Outra consideração ainda mais importante é que, embora a sua saúde seja perfeita do ponto de vista médico, existem doenças mentais e morais assim como físicas. Uma vez que a matéria astral e mental são projetadas no sujeito pelo mesmerizador, junto com a corrente física, essas doenças também são frequentemente transmitidas.

Contudo, um homem que seja puro de pensamento e tenha um desejo sincero de ajudar seus semelhantes pode frequentemente fazer muito através do mesmerismo para aliviar o sofrimento, se ele se der ao trabalho de estudar este assunto das correntes que penetram no corpo pelos *chakras* e fluem ao longo dos nervos. O que o mesmerizador verte para dentro do sujeito? Pode ser tanto o éter nervoso como a vitalidade, ou ambos. Supondo que um paciente esteja seriamente enfraquecido ou exausto, de forma que ele tenha perdido o poder de especializar o fluido vital por si mesmo, o mesmerizador pode renovar o seu estoque vertendo um pouco do seu próprio nos nervos agitados, e dessa maneira produzir uma recuperação rápida. O processo é frequentemente análogo ao caso da nutrição. Quando uma pessoa atinge um certo estágio de fraqueza, o estômago perde o poder de digerir e, dessa forma, o corpo não é nutrido apropriadamente e a fraqueza aumenta. O remédio adotado nesse caso é apresentar ao estômago um alimento já parcialmente digerido através de pepsinas ou de outros preparos similares de fácil assimilação, e assim a força é restaurada. Do mesmo jeito, um homem que é incapaz de especializar por si mesmo pode ainda absorver o que já foi preparado por outro e, assim, empenhando-se em retomar a ação normal dos órgãos etéricos. Em muitos casos de debilidade, isso é tudo que é preciso.

Há outros casos em que algum tipo de congestão tem lugar, o fluido vital não circulou devidamente, e a aura nervosa está lerda e enferma. Então, o curso óbvio de procedimento é trocá-la por um éter nervoso saudável vindo de fora. Porém, há várias formas pelas quais isso pode ser feito. Alguns magnetizadores simplesmente empregam a força bruta, e firmemente vertem torrentes irresistíveis de seu próprio éter na esperança de limpar o que precisa ser removido. Pode-se obter sucesso por essas linhas, embora despendendo bem mais energia do que seria necessário. Um método mais científico é aquele que trabalha de certo modo mais silencioso. Primeiro retira a matéria congestionada ou doente, e depois a substitui pelo éter nervoso mais saudável, assim gradativamente estimulando a corrente lerda em atividade. Se o paciente estiver com uma dor de cabeça, por exemplo, é porque certamente está ocorrendo uma congestão de éter nocivo em alguma parte de seu cérebro. O primeiro passo é extrair esse éter.

Como isso deve ser gerenciado? Simplesmente da mesma forma que a emanação de força é gerenciada – por um exercício da vontade. Nós não devemos esquecer que estas subdivisões mais sutis da matéria são prontamente moldáveis ou afetadas pela ação da vontade humana. O mesmerizador pode dar passes, mas eles são, no máximo, apenas a mira de sua arma em uma certa direção, enquanto a sua vontade é o poder que move o projétil e produz o resultado, ou seja, a emissão do fluido. Um mesmerizador que sabe bem o que faz pode conseguir isso, mesmo sem os passes, se ele quiser. Eu conheci um que nunca os empregou, mas simplesmente olhava para seus sujeitos. O único uso da mão é para concentrar o fluido, e talvez para ajudar a imaginação do operador; pois para querer com força ele deve acreditar firmemente, e a ação sem dúvidas faz com que seja mais fácil para ele perceber o que está fazendo.

Assim como um homem pode verter magnetismo pelo esforço da vontade, ele também pode afastá-lo pelo esforço da vontade. Neste caso também, ele pode frequentemente usar um gesto das mãos para ajudá-lo. Ao lidar com a dor de cabeça, ele provavelmente colocaria as mãos sobre a testa do paciente e pensaria nelas como esponjas, extraindo firmemente o magnetismo deletério do cérebro. Se ele estiver realmente produzindo o resultado que pensa estar produzindo, muito provavelmente logo o descobrirá, pois a menos que ele tome precauções para jogar fora o magnetismo ruim que está absorvendo, ele mesmo sentirá a dor de cabeça ou vai começar a sofrer de uma dor no braço e na mão com a qual a operação está sendo realizada. Ele está na verdade atraindo para si a matéria doente. Para seu conforto e bem-estar, é necessário que ele a jogue fora antes que essa se aloje permanente em seu corpo.

Ele deve então adotar algum plano definido para se livrar dela. O mais simples é jogá-la fora; sacudi-la de suas mãos como quem sacode a água. Embora ele não a veja, a matéria que ele extraiu é física, e nós podemos lidar com ela por meios físicos. Assim, é necessário que ele não negligencie essas precauções e que não se esqueça de lavar suas mãos cuidadosamente depois de curar uma dor de cabeça ou qualquer mal dessa natureza. Então, depois que ele removeu a causa do mal, ele passa a verter um magnetismo bom, forte e saudável, para tomar o seu lugar e para proteger o paciente contra o retorno da doença. Pode-se ver que no caso de qualquer afecção nervosa, este método teria vantagens múltiplas. Na maioria desses casos, o que está errado é uma irregularidade dos fluidos que correm ao longo dos nervos. Ou eles estão congestionados, ou estão lentos em seu fluxo, ou, por outro lado, eles podem estar muito rápidos. Eles podem ser escassos em quantidade ou de má qualidade. Se nós administrarmos drogas de qualquer tipo, no melhor dos casos, podemos atuar apenas no nervo físico e, através dele, até certa limitada extensão sobre os fluidos que o cercam, enquanto o mesmerismo atua diretamente sobre os próprios fluidos, indo direto à raiz do mal.

CAPÍTULO 4
O DESENVOLVIMENTO DOS *CHAKRAS*

AS FUNÇÕES DOS CENTROS DESPERTOS

Além de manter vivo o veículo físico, os centros de força, ou *chakras*, têm outra função, que entram em jogo apenas quando eles estão despertos em total atividade. Cada um dos centros etéricos corresponde a um centro astral, embora, como o centro astral é um vórtice em quatro dimensões, estende-se em uma direção bem diferente do etérico. Consequentemente, não é de forma alguma sempre limítrofe com ele, embora alguma parte seja sempre coincidente. O vórtice etérico está sempre na superfície do corpo etérico, mas o *chakra* astral está frequentemente bem no interior do veículo.

A função de cada um dos centros ou *chakras* etéricos, quando totalmente despertos, é trazer para baixo, para a consciência física, toda a qualidade inerente ao centro astral que corresponde a ele. Assim, antes de catalogar os resultados a serem obtidos com o despertar dos centros etéricos em atividade, vale considerar o que é feito por cada um dos centros astrais, embora estes últimos já estejam em total atividade em todas as pessoas cultas das últimas raças. Que efeito, então, a aceleração de cada um desses centros produz no corpo astral?

OS CENTROS ASTRAIS

O primeiro desses centros, como já foi explicado, é a morada do fogo-serpentino. Esta força existe em todos os planos, e pela sua atividade o restante dos centros são despertados. Nós devemos pensar no corpo astral como tendo sido originado como uma massa quase inerte, com nada além de uma vaga consciência, com nenhum poder definido para fazer coisa alguma e sem nenhum conhecimento claro do mundo que o cerca. A primeira coisa que aconteceu, então, foi o despertar dessa força no homem no nível astral. Quando desperta, ela se moveu para o segundo centro, correspondendo ao baço físico e, através dele, vitalizou todo o corpo astral, possibilitando a pessoa a viajar conscientemente, embora com apenas uma vaga concepção ainda daquilo que existe e encontra em suas jornadas.

Então ele se moveu para o terceiro, que corresponde ao umbigo e o vivificou, dessa forma despertando no corpo astral o poder de sentir – uma sensitividade para todos os tipos de influência, embora sem ainda nenhuma compreensão definida como a que vem com a visão e com a audição.

O quarto centro, correspondente ao *chakra* cardíaco, quando desperto, dota o homem com o poder de compreender as vibrações de outras entidades astrais e ter afinidade com elas, de forma que ele possa instintivamente entender algo sobre seus sentimentos.

O despertar do quinto, que corresponde à garganta, deu a ele o poder de ouvir no Plano Astral, ou seja, desenvolveu nele o sentido que, no mundo astral, produz em nossa consciência o efeito que no Plano Físico nós chamamos de audição.

O desenvolvimento do sexto, que corresponde ao centro entre as sobrancelhas, de forma similar, produziu a visão astral – o poder de perceber definitivamente a forma e a natureza de objetos astrais, no lugar de vagamente sentir sua presença.

O despertar do sétimo, que corresponde ao topo da cabeça, completou a vida astral do homem e o dotou com a perfeição de suas faculdades.

Com relação a esse sétimo centro, uma certa diferença parece existir, de acordo com o tipo ao qual o homem pertence. Para muitos de nós, os vórtices astrais, correspondentes ao sexto e ao sétimo desses centros, ambos convergem para o corpo pituitário (Figura 8), sendo praticamente a única ligação direta entre os Planos Físico e Superiores.

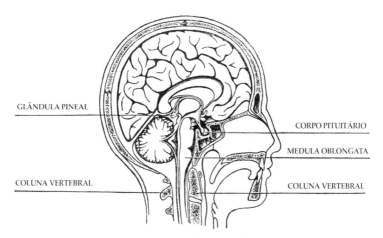

Figura 8 - Corpo Pituitário e Glândula Pineal

Outras pessoas, entretanto, aliam o sexto centro ao corpo pituitário, inclinam o sétimo até que o seu vórtice coincida com o órgão atrofiado chamado de glândula pineal (Figura 8), que é, para as pessoas desse tipo, vivificado e transformado em uma linha de comunicação direta com o mental inferior, sem aparentemente passar através do Plano Astral intermediário da forma comum. Foi a essas pessoas que a Sra. Blavatsky se referiu quando colocou tal ênfase no despertar desse órgão. Dra. Besant também menciona esse fato, que o ponto de partida do desenvolvimento começa em diferentes níveis com diferentes pessoas, na seguinte passagem de *A Study in Consciousness (Um Estudo sobre a Consciência)*[37]:

> Embora só possam ser unidos ao veículo físico dessa forma, sua construção como centros e sua transformação gradual em rodas podem ser começadas a partir de qualquer veículo individual que represente o tipo especial de temperamento ao qual ele pertence. Conforme o temperamento ao qual pertence um homem, será o lugar de maior atividade na construção de todos os veículos, na gradual transformação deles em instrumentos eficazes na consciência a ser expressa no Plano Físico. Esse centro de atividade pode ser o corpo físico, astral, mental inferior, mental superior. Em qualquer um desses, ou mesmo em veículo ainda superior, segundo o tipo de temperamento, esse centro será encontrado no princípio que determina o tipo temperamental, e daí ele atua para "cima" ou para "baixo", moldando os veículos para torná-los adequados à expressão desse temperamento.[38]

SENTIDOS ASTRAIS

Assim, estes centros, até certo ponto, tomam o lugar dos órgãos dos sentidos para o corpo astral. Todavia, sem uma qualificação apropriada, essa expressão seria decididamente enganosa, pois nunca deve ser esquecido que, embora para melhor compreensão nós constantemente tenhamos que falar sobre a visão astral ou a audição astral, tudo o que nós realmente queremos dizer com essas expressões é a faculdade de responder a tais vibrações quando transmitidas para a consciência do homem, quando ele está funcionando em seu corpo astral, infor-

---

[37] BESANT, Annie. *Um Estudo Sobre a Consciência*. Brasília: Ed. Teosófica, 2014, p.147. (Nota Ed. Bras.)
[38] *Op. Cit.*, p. 252. (Nota Ed. Inglesa).

mação do mesmo caráter como a transmitida para ele por seus olhos e ouvidos enquanto ele está no corpo físico.

Porém, nas condições astrais completamente diferentes, órgãos especializados não são necessários para o atingimento do resultado. Há matéria, em todas as partes do corpo astral, capaz de tal resposta e, consequentemente, o homem funcionando nesse veículo vê igualmente bem os objetos atrás dele, acima dele e abaixo dele, sem precisar virar a cabeça. Os centros, portanto, não podem ser descritos como órgãos no senso comum da palavra, já que não é por eles que o homem vê ou ouve, como ele faz aqui através dos olhos e orelhas. No entanto, é de sua vivificação que o poder de exercer esses sentidos astrais depende. Cada um deles, à medida que são desenvolvidos, dá a todo o corpo astral o poder de resposta a uma nova série de vibrações.

Como todas as partículas do corpo astral estão constantemente fluindo e girando, como as da água fervendo, todas elas, por sua vez, passam através de cada um dos centros ou vórtices, de forma que cada centro, por seu turno, evoca, em todas as partículas do corpo, o poder de receptividade a um certo conjunto de vibrações e, dessa forma, todos os sentidos astrais estão igualmente ativos em todas as partes do corpo. Porém, mesmo quando esses sentidos astrais estão totalmente despertos, não significa, de forma alguma, que o homem vai ser capaz de trazer para seu corpo físico qualquer consciência de suas ações.

O DESPERTAR DA *KUNDALINĪ*

Enquanto todo este despertar astral estava tomando lugar, o homem, em sua consciência física, não sabia nada sobre isso. A única forma pela qual o corpo denso pode ser levado a compartilhar todos esses benefícios é pela repetição desse processo de despertar com os centros etéricos. Isso pode ser alcançado de várias formas, de acordo com a escola de *Yoga* que o estudante está praticando.

Sete escolas de *Yoga* são reconhecidas na Índia: 1. *Raja Yoga*; 2. *Karma Yoga*; 3. *Jñāna Yoga*; 4. *Hatha Yoga*; 5. *Laya Yoga*; 6. *Bhakti Yoga*; 7. *Mantra Yoga*. Já me referi a essas escolas na segunda edição de *The Masters and the Path (Os Mestres e a Senda)*[39], e o Professor Wood as descreveu por completo em seu livro *Rāja Yoga*: *The Occult Training of the Hindu*. Todos eles reconhecem a existência e a importância dos *chakras* e cada uma tem seu próprio método de desenvolvê-los. O plano do *Rāja* iogue é o de meditar sobre cada um, em seu turno, e trazê-los para atividade pela pura força de vontade – um esquema que tem muito a recomendar. A escola que mais presta atenção a eles é o *Laya Yoga*. Seu sistema é o de despertar as potencialidades superiores do fogo-serpentino e forçá-lo através dos centros um por um.

O despertar precisa de um esforço determinado e longamente continuado da vontade, pois trazer esse primeiro *chakra* para total atividade é precisamente despertar as camadas interiores do fogo-serpentino. Uma vez que esteja desperto, é pela sua tremenda força que os outros centros são vivificados. Seu efeito nos outros *chakras* etéricos é o de trazer, para a consciência física, os poderes que foram despertados pelo desenvolvimento de seus correspondentes *chakras* astrais.

O DESPERTAR DOS *CHAKRAS* ETÉRICOS

Quando o segundo dos centros etéricos, chamado de *chakra* esplênico, próximo ao baço, é despertado, o ho-

---

[39] LEADBEATER C.W. *Os Mestres e a Senda*, Brasília: Ed. Teosófica, 2015. (Nota Ed. Bras.)

mem habilita-se a lembrar de suas vagas viagens astrais, embora algumas vezes apenas bem parcialmente. O efeito de um estímulo leve e acidental desse centro é frequentemente a produção de uma meia lembrança de certa sensação agradável de voar pelo ar.

Quando o terceiro centro, aquele perto do umbigo, chega à atividade, o homem começa a ter consciência, em seu corpo físico, de todos os tipos de influências astrais, vagamente sentindo que algumas delas são amigáveis e outras hostis, ou que alguns lugares são agradáveis e outros desagradáveis, sem saber minimamente o porquê.

O estímulo do quarto, o cardíaco, próximo ao coração, faz o homem instintivamente ciente das alegrias e dos sofrimentos dos outros e algumas vezes até faz com que ele reproduza em si mesmo, por empatia, suas aflições e dores físicas.

O despertar do quinto, na garganta ou laríngeo, habilita a ouvir vozes, que algumas vezes fazem todo tipo de sugestões a ele. Também algumas vezes ele escuta música ou outros sons menos agradáveis. Quando plenamente funcionando, ele torna o homem clariaudiente até onde os Planos Etérico e Astral dizem respeito.

Quando o sexto, o *chakra* frontal, entre as sobrancelhas, se torna vivificado, o homem começa a ver coisas, a ter vários tipos de visões enquanto está acordado, às vezes de lugares, às vezes de pessoas. Em seu desenvolvimento inicial, quando ele apenas está começando a despertar, frequentemente significa nada mais além da meia visão de paisagens e nuvens de cor. O completo despertar traz a clarividência.

O centro entre as sobrancelhas está conectado com a visão ainda de outra maneira. É através dele que o poder da magnificação de objetos físicos minúsculos é exercido. Um pequeno tubo flexível de matéria etérica é projetado de seu centro, lembrando uma serpente, microscópica com algo parecido com um olho no final dele. Esse é o órgão especial usado nesse tipo de clarividência, e o olho no final dele pode ser expandido ou contraído, sendo o efeito a mudança do poder de magnificar de acordo com o tamanho do objeto que está sendo examinado. É isso que é denotado em livros antigos quando se faz menção à capacidade de tornar-se grande ou pequeno à vontade. Para examinar o átomo, uma pessoa desenvolve um órgão de visão comensurado em tamanho com o átomo. Esta pequena serpente, projetada do centro da testa, foi simbolizada nas vestes da cabeça de Faraós do Egito, que, como sumos sacerdotes de seu país, deveriam possuir esse dentre muitos outros poderes ocultos.

Quando o *chakra* coronário ou sétimo centro está plenamente ativo, o homem é capaz de deixar conscientemente o seu corpo e também de voltar para ele sem a quebra usual, de forma que a sua consciência será contínua noite e dia. Quando o fogo tiver passado por todos esses centros em uma certa ordem (que varia para diferentes tipos de pessoas), a consciência se torna contínua até a entrada no paraíso ao final da vida no Plano Astral, não havendo diferença entre a separação temporária do corpo físico durante o sono e a permanente divisão na morte.

CLARIVIDÊNCIA CASUAL

Antes que isso seja feito, entretanto, o homem pode ter vários vislumbres do mundo astral, pois vibrações especialmente fortes podem, a qualquer tempo, galvanizar um dos *chakras* em atividade temporária, sem absolutamente despertar o fogo-serpentino; ou pode ocorrer de o fogo ser parcialmente despertado e, dessa forma, também uma clarividência espasmódica ser produzida por hora. Pois esse fogo existe, como nós já dissemos, em sete camadas ou sete graus de força e, muitas vezes, acontece que um homem que exerce sua vontade, no esforço de despertar esta energia, consiga afetar somente uma camada e, portanto, quando ele pensa que fez o trabalho, pode constatar resultados ineficazes e ter que fazer tudo de novo muitas vezes, aprofundando gradualmente e cada vez mais, até que não somente a superfície seja atiçada, mas o próprio coração do fogo esteja em plena atividade.

O PERIGO DO DESPERTAR PREMATURO

Esse poder ígneo, como ele é chamado em *The Voice of Silence (A Voz do Silêncio)*[40], é na verdade como um fogo líquido, já que corre pelo corpo quando é despertado pela força de vontade. O curso pelo qual ele deve se mover é em espiral, como as espirais de uma serpente. Em seu estado desperto, pode ser chamado de Mãe do Mundo, porque através dele nossos vários veículos podem ser vivificados, de forma que os mundos superiores podem se abrir perante nós em sucessão.

Na pessoa comum, encontra-se na base da coluna vertebral, adormecido, e a sua própria presença lhe é despercebida durante toda a vida. É de fato bem melhor deixá-lo permanecer assim dormente até que o homem tenha feito um desenvolvimento moral definido, até que a sua vontade seja forte o suficiente para controlá-lo e seus pensamentos puros o suficiente para habilitá-lo a encarar seu despertar sem ferimentos.

Ninguém deveria experimentá-lo sem instruções definidas de um professor que entenda meticulosamente do assunto, pois os perigos ligados a isso são muito reais e terrivelmente sérios. Alguns deles são puramente físicos. O seu movimento descontrolado frequentemente produz

---

[40] BLAVATSKY H. P. *A Voz do Silêncio*. Brasília: Editora Teosófica, 4ª ed., 2020. (Nota Ed. Bras.)

intensa dor física e pode prontamente rasgar tecidos ou até destruir a vida física. Isso, entretanto, é o menor dos males dos quais ele é capaz, pois pode fazer danos permanentes nos veículos superiores ao físico. Um dos efeitos comuns de despertá-lo prematuramente é que ele corre para baixo no corpo, no lugar de para cima, e assim excita as paixões mais indesejáveis – excita e intensifica seus efeitos em tal grau que se torna impossível para o homem resisti-los, porque uma força foi levada à ação, em cuja presença ele está tão indefeso quanto um nadador perante as mandíbulas de um tubarão. Tais homens se tornam libidinosos, monstros de depravação, porque eles estão sob o domínio de uma força que está fora de todas as proporções para o poder humano comum de resistência. Eles podem provavelmente ganhar certos poderes sobrenaturais, mas os levarão ao contato com uma ordem inferior de evolução com a qual a humanidade não deve relacionar-se. Escapar de sua horrível sujeição pode levar mais de uma encarnação.

Eu não estou de nenhuma forma exagerando o horror dessas coisas, como poderia fazer de forma involuntária uma pessoa para a qual isso é tudo boato. Eu mesmo já fui consultado por pessoas para as quais esse horrível destino ocorreu. Eu já vi, com meus próprios olhos, o que aconteceu com elas. Há uma escola de magia negra que de propósito utiliza esse poder com essa finalidade, de forma que por ele possa ser vivificado um certo centro de força inferior, que nunca é usado dessa forma pelos seguidores da Boa Lei. Alguns escritores negam a existência de tal centro ou *chakra*, mas Brâmanes do sul da Índia garantiram para mim que existem certos iogues que ensinam seus pupilos a usá-lo – embora, claro, não necessariamente com más intenções. Mesmo assim, o risco é muito grande para ser tomado, quando podemos alcançar o mesmo resultado de uma forma mais segura.

Ainda além deste seu maior perigo, o desdobramento prematuro dos aspectos superiores da *kundalinī* tem muitas outras possibilidades desagradáveis. Ela intensifica tudo na natureza do homem, alcançando as qualidades inferiores e maléficas mais prontamente que as boas. No corpo mental, por exemplo, a ambição é muito rapidamente desperta e rapidamente atinge um grau inacreditavelmente imoderado. Provavelmente traria consigo uma grande intensificação do poder do intelecto, mas, ao mesmo tempo, ela iria produzir um orgulho anormal e satânico, de um tipo bastante inconcebível para um homem comum. Não é sensato a um homem pensar que está preparado para lidar com qualquer força que possa surgir dentro de seu corpo. Essa não é uma energia comum, mas algo irresistível. Certamente, nenhum homem sem instrução específica[41] deveria jamais tentar despertá-la. Se alguém perceber que a despertou por acidente, deve, de pronto, se consultar com uma pessoa que entenda integralmente do assunto.

Abstenho-me de qualquer explicação sobre como esse despertar deve ser feito, nem vou mencionar a ordem pela qual a força (quando desperta) deve passar por esses vários centros, pois isso não dever ser tentado em hipótese alguma, exceto pela sugestão expressa de um Mestre, que irá cuidar de Seu discípulo durante os vários estágios do experimento.

Aconselho solenemente a todos os estudantes que se abstenham de qualquer esforço na direção de despertar essas tremendas forças, exceto sob tal instrução, pois eu mesmo vi muitos casos dos terríveis efeitos da intromis-

---

[41] No original em inglês: *uninstructed man*. É importante acrescentar que se trata de um instrução específica, que é usualmente oferecida na relação Mestre e discípulo. O próprio autor considera a necessidade de um treinamento prévio. (Nota Ed. Bras.)

são ignorante e desavisada com esses assuntos muito sérios. A força é uma realidade tremenda, um dos grandes fatos da Natureza, e muito enfaticamente não é uma coisa para se brincar, não é um assunto para se ter à mão despreocupadamente, pois manejá-la sem entendê-la é bem mais perigoso do que seria para uma criança brincar com nitroglicerina. Como é muito verdadeiramente dito em *The Hatha Yoga Pradipika*: "Ela dá libertação para os iogues e escravidão para os tolos" (III, 107).

Em assuntos como esse, estudantes muito frequentemente parecem pensar que alguma exceção especial das leis da Natureza será feita no caso deles, que alguma intervenção especial da providência irá salvá-los das consequências de sua tolice. Certamente nada disso irá acontecer, e o homem que arbitrariamente provocar uma explosão é bem capaz de se tornar sua primeira vítima. Os estudantes seriam poupados de muito trabalho e decepção se pudessem entender que todas as questões sobre Ocultismo, por nós mencionadas, têm significado exatamente literal. Isso é aplicável em todos os casos, sem exceção. Pois não há tal coisa de favoritismo nos trabalhos das grandes leis do Universo.

Todo mundo quer tentar todos os experimentos possíveis. Todos estão convencidos de que estão prontos para os ensinamentos mais elevados possíveis e para qualquer tipo de desenvolvimento. Ninguém está disposto a trabalhar pacientemente na melhoria do caráter e devotar seu tempo e suas energias para fazer alguma coisa útil para o trabalho da Sociedade, esperando por todas essas outras coisas até que um Mestre anuncie que ele está pronto. Como eu já disse, em capítulos prévios, em conexão com outras coisas, o velho aforismo ainda permanece verdade: "Buscai, assim, em primeiro lugar, o Reino de Deus, e a sua justiça, e todas essas coisas vos serão acrescentadas." (*Mateus* 6:33)

O DESPERTAR ESPONTÂNEO DA *KUNDALINĪ*

Existem algum casos em que as camadas interiores desse fogo despertam espontaneamente, de forma que um maçante ardor é sentido. Ele pode até começar a se mover, embora seja raro. Quando acontece, isso pode causar grande dor, uma vez que, como as passagens não estão preparadas, ele precisa limpar seu caminho realmente queimando uma grande quantidade de impurezas etéricas – com grave sofrimento. Quando ele desperta por si mesmo ou é despertado por acidente, ele usualmente tenta passar para cima pelo interior da coluna vertebral, seguindo o curso já tomado por suas manifestações inferiores e moderadas. Se for possível, a força de vontade deve ser colocada em movimento para deter seu movimento para cima, mas se isso se provar impossível (como muito provavelmente), não é motivo para alarde. Ele provavelmente irá reluzir, saindo pela cabeça e escapar para a atmosfera ao redor. É provável que nenhum mal daí resulte, apenas um leve enfraquecimento. O mais grave neste caso seria uma perda temporária de consciência. O perigo realmente apavorante não está no fato de a energia ascender, mas com a possibilidade de seguir para baixo na coluna vertebral.

A principal função da *kundalinī* quanto ao desenvolvimento oculto é que, ao passar através dos centros de força no corpo etérico, como descrito acima, ela acelera esses *chakras* e os torna mais inteiramente disponíveis como portais de conexão entre os corpos físico e astral. Foi dito em *The Voice of Silence (A Voz do Silêncio)* que quando o fogo-serpentino chega até o centro entre as sobrancelhas e o vivifica por inteiro, lhe é conferido o poder de ouvir a voz do Mestre – o que significa, neste caso, a voz do Ego ou do Eu superior. A razão para essa declaração é que quando o corpo pituitário é levado para a condição de trabalho, ele

Os Chakras 101

forma uma ligação perfeita com o veículo astral, de forma que, por ele, todas as comunicações vindas do interior podem ser recebidas. Não é apenas esse *chakra*. Todos os outros centros de força devem presentemente ser despertados e cada um deve ser preparado para ser responsivo para todos os tipos de influências dos vários subplanos astrais. Esse desenvolvimento virá para todos no devido tempo, mas a maioria das pessoas não poderá alcançá-lo na presente encarnação, se for essa a primeira vez em que elas começaram a levar a sério esses assuntos. Alguns indianos podem conseguir fazer isso, já que seus corpos estão, por hereditariedade, mais adaptados que a maioria dos outros. Porém, para a maioria é realmente um trabalho para uma Ronda completamente posterior. A conquista do fogo-serpentino tem que ser repetida a cada encarnação, considerando que os veículos são novos todas as vezes. Porém, depois que tiver sido alcançado completamente, essas repetições serão uma questão fácil. Deve ser lembrado que a sua ação varia com diferentes tipos de gente. Alguns, por exemplo, veem o Eu superior no lugar de ouvir sua voz. Novamente, essa conexão com o Superior tem vários estágios. Para a personalidade, ela significa a influência do Ego, mas para o Ego em si, ela significa o poder da Mônada, e para a Mônada, em seu turno, ela significa uma expressão consciente do *Logos*.

EXPERIÊNCIA PESSOAL

Poder ser útil mencionar minha própria experiência sobre essa questão. Nos primeiros anos de minha residência na Índia, há quarenta e dois anos, eu não fiz nenhum esforço para acordar o fogo – sem de fato saber muito sobre isso e tendo a opinião de que, para fazer qualquer coisa com ele, era necessário nascer com um corpo especialmente psíquico, que eu não possuía. Porém, certo dia, um dos Mestres me fez uma sugestão, com relação a um tipo de meditação que iria evocar essa força. Naturalmente, eu de pronto coloquei a sugestão em prática, e no decurso do tempo tive sucesso. Não tenho dúvidas, entretanto, de que Ele estava observando o experimento e me teria detido se houvesse perigo. Foi-me dito que existem ascetas hindus que ensinam a seus pupilos como evocar esta força; claro que os mantendo sob cuidadosa supervisão durante o processo. Porém, eu mesmo não conheço nenhum, nem teria confiança neles, a menos que fossem especialmente recomendados por alguém que eu soubesse possuir conhecimento real.

As pessoas frequentemente me perguntam o que eu aconselho em relação ao despertar dessa força. Eu aconselho fazer exatamente o que eu mesmo fiz. Eu recomendo que eles se lancem em trabalhos teosóficos e que esperem um comando definido de algum Mestre que irá tomar a seu cargo a superintendência de seu desenvolvimento psíquico, continuando, enquanto isso, todos os exercícios ordinários de meditação que conhecem. Eles não devem minimamente se importar se esse desenvolvimento virá nessa encarnação ou na próxima, mas devem ver a questão do ponto de vista do Ego e não da personalidade, sentindo absoluta certeza de que os Mestres estão sempre vigiando por aqueles que Eles podem ajudar, que é inteiramente impossível que qualquer um seja negligenciado, e que Eles inquestionavelmente darão Suas instruções quando acharem que o tempo certo chegou.

Eu nunca ouvi que existe nenhum tipo de limitação de idade em relação ao desenvolvimento e também não vejo que a idade faça alguma diferença, uma vez que a pessoa tenha uma saúde perfeita. Porém, a saúde é uma necessidade, pois apenas um corpo forte pode suportar

Os Chakras 103

a tensão, que é muito mais séria do que podem imaginar aqueles que não fizeram esforço algum.

A força quando despertada deve ser rigorosamente controlada e mover-se através dos centros em uma ordem que difere para pessoas de diferentes tipos. O movimento também, para ser efetivo, deve ser feito de uma forma em particular, que o Mestre irá explicar quando chegar a hora.

A TELA ETÉRICA

Eu havia dito que os centros astral e etérico estão em uma correspondência muito próxima. Porém, entre eles, e os interpenetrando de uma forma difícil de descrever, há um invólucro ou tela de uma textura juntamente trançada, um invólucro composto de uma única camada de átomos físicos, bem comprimidos e permeados por uma forma específica de força vital. A vida divina que normalmente desce do corpo astral para o físico é sintonizada de forma a passar através dela com perfeita facilidade, mas é uma absoluta barreira para todas as outras forças – todas as que não podem usar a matéria atômica de ambos os planos. Essa tela é a proteção provida pela natureza para prevenir uma abertura de comunicação prematura entre os planos – um desenvolvimento que não poderia levar para nada além de prejuízo.

É isso que, em circunstâncias normais, impede a clara lembrança do que aconteceu durante o sono. É isso que também causa a inconsciência momentânea que sempre ocorre na morte. Porém, por causa dessa provisão misericordiosa, o homem comum, que nada sabe destas coisas, e está completamente despreparado para encontrá-las, poderia, a qualquer momento, ser influenciado por uma entidade astral, sob a influência de uma força que ele seria incapaz de enfrentar. Ele estaria susceptível à constante obsessão por qualquer ser no plano astral que desejasse apossar-se de seus veículos.

Dessa forma, pode-se compreender que qualquer dano a essa tela é um sério desastre. Há várias formas pelas quais um dano pode ocorrer. Convém usarmos os nossos maiores esforços para proteger a nós mesmos. Ele pode ocorrer tanto por acidente, como por continuadas más práticas. Qualquer grande choque ao corpo astral, como por exemplo um terrível susto repentino, pode rasgar esse delicado organismo e enlouquecer o indivíduo. (claro que existem outras formas de o medo causar insanidade, mas essa é uma delas). Uma grande explosão de raiva também pode produzir o mesmo efeito. De fato, ele pode ocorrer após qualquer emoção excessivamente forte de caráter malévolo que produza um tipo de explosão no corpo astral.

OS EFEITOS DO ÁLCOOL E DAS DROGAS

As más práticas que podem mais gradualmente ferir essa tela protetora são de duas classes: uso de álcool ou drogas narcóticas; e o empenho deliberado de deixar abertas as portas que a Natureza deixou fechadas, por intermédio de processos descritos na linguagem espírita como "sessão para desenvolvimento". Certas drogas e bebidas – sobretudo o álcool e todos os narcóticos, incluindo tabaco – contêm matéria que ao se quebrar volatiza-se e parte dela passa do Plano físico para o Plano Astral. (Até chá e café contêm essa matéria, mas em quantidade tão infinitésima que é apenas depois de um abuso longo e continuado que o efeito se manifesta).

Quando isso ocorre no corpo de um homem, esses constituintes passam através dos *chakras* na direção oposta daquela pretendida. Ao fazer isso de forma repetitiva, eles seriamente danificam e finalmente destroem a delicada tela. Essa deterioração ou destruição pode ser alcançada de duas formas diferentes, de acordo com o tipo de pessoa em questão e da proporção dos constituintes em seus corpos etérico e astral. Primeiro, a carga de matéria volatilizada, na verdade, queima a tela e, assim, deixa a porta aberta para todo tipo de forças irregulares e influências maléficas.

O segundo resultado é que esses constituintes volatilizados, ao fluir por dentro do átomo, de alguma forma o endurecem, de maneira que a sua pulsação é em grande parte bloqueada e invalidada. Ele não é mais capaz de ser vitalizado pelo tipo particular de força que o une a uma tela. O resultado disso é uma espécie de ossificação da tela, que intercepta as comunicações entre um plano e outro.

Nós podemos ver o efeito de ambos os tipos de deterioração em homens que se rendem à embriaguez. Alguns daqueles que são afetados dessa forma caem em *delirium tremens*, obsessão ou insanidade. Porém, esses são, não obstante, comparativamente raros. Muito mais comum é o segundo tipo de deterioração, em que nós temos uma espécie de morbidez generalizada das qualidades do homem, resultando em materialismo grosseiro, brutalidade e animalismo, na perda de todos os sentimentos sutis e do poder de controlar a si mesmo. Ele não mais sente senso algum de responsabilidade. Ele pode amar sua esposa e seus filhos quando sóbrio, mas quando o ataque de embriaguez chega, utiliza o dinheiro que deveria comprar pão para eles, para satisfazer suas próprias ânsias bestiais. A afeição e a responsabilidade aparentemente desaparecem por inteiro.

O EFEITO DO TABACO

O segundo tipo de efeito é muito comum entre aqueles que são escravos do hábito do tabaco. Seus efeitos são óbvios nos corpos físico, astral e mental.

Ele permeia o homem fisicamente com partículas extremamente impuras, causando emanações tão grosseiramente materiais que são perceptíveis ao olfato. Astralmente ele não apenas introduz impurezas, mas também tende a abrandar muitas das vibrações. É por essa razão que ele "acalma os nervos", como se diz. Porém, claro que para o progresso oculto nós não queremos as vibrações abrandadas, nem o corpo astral pesado com partículas venenosas. Precisamos da capacidade de responder instantaneamente a todos os possíveis comprimentos de onda e, ao mesmo tempo, ter controle perfeito, de forma que nossos desejos sejam como cavalos guiados pela mente inteligente para nos levar aonde nós queremos, não para fugir conosco selvagemente, como faz o hábito do tabaco, e nos levar para situações em que nossa natureza superior sabe que nunca deveríamos nos encontrar. Seus resultados depois da morte têm também um caráter muito angustiante, causando um tipo de ossificação e paralisia do corpo astral, de forma que, por um longo tempo (estendendo-se por semanas e meses), o homem fica indefeso, inerte, escassamente consciente, trancado como em uma prisão, incapaz de se comunicar com seus amigos, morto, por hora, para todas as influências superiores. Será que vale a pena incorrer em todas essas penalidades por conta de uma indulgência trivial? Para qualquer pessoa que realmente quer desenvolver seus veículos, despertar seus *chakras*, fazer progresso ao longo da senda da santidade, o tabaco deve, sem dúvidas, ser diligentemente evitado.

Todas as impressões que passam de um plano para o outro são planejadas para chegarem apenas pelo subplano atômico. Porém, quando esse processo de abrandamento se estabelece, ele prontamente infecta não apenas outras matérias atômicas, mas também a matéria do segundo e do terceiro subplano, de forma que a única comunicação entre o astral e o etérico é quando alguma força, atuando nos subplanos inferiores (nos quais apenas influências desagradáveis e maléficas podem ser encontradas), acontece de ser forte o suficiente para compelir uma resposta pela violência de sua vibração.

A ABERTURA DAS PORTAS

Ainda que a Natureza tome tais precauções para proteger esses centros, ela de jeito nenhum pretende que eles sejam mantidos sempre rigidamente fechados. Há uma maneira correta pela qual eles devem ser abertos. Talvez seja mais correto dizer que a intensão não é que as portas devam ser mais abertas que a sua posição presente, mas que o homem deva se desenvolver para poder trazer muito mais através dos canais reconhecidos.

A consciência do homem comum ainda não pode usar matéria puramente atômica tanto no corpo físico como no astral. Portanto, não há normalmente possibilidade para ele de comunicação consciente à vontade entre os dois planos. A maneira correta de obter isso é purificando ambos os veículos até que a matéria atômica em ambos esteja totalmente vitalizada, de maneira que todas as comunicações entre os dois possam ser capazes de passar por essa via. Neste caso, a tela retém até o mais alto grau a sua posição e sua atividade e, mesmo assim, não mais representa uma barreira para a comunicação perfeita, enquanto ainda continua cumprindo o seu propósito de prevenir o contato próximo entre os subplanos inferiores, que iria permitir que todos os tipos de influências indesejáveis passassem.

Esse é motivo pelo qual sempre somos advertidos no sentido de esperar para o desdobramento de poderes psíquicos até que eles venham, no curso natural dos eventos, como uma consequência do desenvolvimento do caráter, tal qual inferimos do estudo destes centros de força, assim certamente sucederão. Essa é a evolução natural. Esse é o único caminho realmente seguro, pois por ele o estudante obtém todos os benefícios e evita todos os perigos. Essa foi a Senda que nossos Mestres trilharam no passado. Essa, portanto, é a Senda para nós hoje.

CAPÍTULO 5
O *LAYA YOGA*

OS LIVROS HINDUS

Já faz quase vinte anos desde que eu escrevi a maior parte das informações sobre os *chakras* que aparecem nas páginas precedentes. Eu tinha, naquele tempo, apenas muito pouca intimidade com a extensa literatura que existe sobre o tema na língua sânscrita. Desde então, entretanto, vários trabalhos importantes sobre os *chakras* foram disponibilizados em inglês, entre eles estão The Serpent Power"(O Poder-Serpentino, que é uma tradução de Arthur Avalon do *The Shatchakara Nirupana), Thirty Minor Upanishad*, traduzidos por K. *Narayanaswami Aiyar*, e *The Shiva Samhita*, traduzido por Sri Chandra Vidyarnava. Essas obras lidam extensivamente com o assunto especial dos *chakras*, mas existem muitos outros que tocam nos centros de forma mais casual. O livro de Avalon nos dá uma excelente série de ilustrações coloridas de todos os *chakras*, na forma simbólica pela qual eles são sempre desenhados pelos iogues hindus. Esse departamento da ciência hindu está gradualmente se tornando conhecido no Ocidente. Para o benefício de meus leitores, farei um breve esboço a seu respeito a seguir.

A SÉRIE HINDU DOS *CHAKRAS*

Os *chakras* mencionados nestes livros em sânscrito são os mesmos aqui expostos, com exceção do esplênico, substituído pelo *Svādhishthana* no lugar do centro do baço. Eles diferem levemente entre si em relação ao número de pétalas, mas em geral coincidem com a nossa classificação, embora, por alguma razão, não incluam o centro no topo da cabeça, confinando a si mesmos em seis *chakras* apenas, e chamando o centro de *Sahasrāra Padma* – lótus de mil pétalas. Os autores observaram o *chakra* menor de doze pétalas no interior do coronário. Eles falam de duas pétalas no lugar de noventa e seis no sexto *chakra*, mas sem dúvida se referem às duas metades do disco desse *chakra*, mencionado no Capítulo 1. As discrepâncias em relação ao número de pétalas não são importantes. Por exemplo, *The Yoga Kundalinī Upanishad* fala de dezesseis pétalas no coração em vez de doze, e o *The Dhyanabindu Upanishad* e *The Shandilya Upanishad* ambos mencionam doze pétalas no lugar de dez no *chakra* umbilical. Um número de obras também se refere a outro *chakra* que está embaixo do coração, e a vários centros entre o *chakra* frontal e o coronário, todos como sendo de grande importância. *The Dhyanabindu Upanishad* fala que o *chakra* do coração tem oito pétalas, mas a sua descrição do uso desse *chakra*, em meditação, indica que ele está provavelmente se referindo ao *chakra* secundário do coração ao qual eu me referi há pouco. Na questão das cores das pétalas existem também algumas discordâncias, como será visto na Tabela 5, comparando algumas das principais obras com a nossa própria lista.

Não é surpresa que diferenças como essas estejam registradas, pois existem inquestionáveis variantes nos *chakras* de diferentes pessoas e raças, assim como nas faculdades dos observadores. O que nós registramos no Capítulo 1 é o resultado de cuidadosa observação por parte de um número de estudantes ocidentais que tomaram todas as precauções de comparar notas e de verificar o que viram.

	Cores das Pétalas de Lótus			
Chakra	Nossas observações	*Shatchakra Nirupana*	*Shiva Samhita*	*Garuda Purāna*
1	Vermelho--alaranjado ígneo	Vermelho	Vermelho	—
2	Brilho do Sol	Vermelhão	Vermelhão	Brilho do Sol
3	Vários matizes de vermelho e verde	Azul	Dourado	Vermelho
4	Dourado	Vermelhão	Vermelho escuro	Dourado
5	Azul, prateado, cintilante	Roxo-escuro	Dourado Brilhante	Prateado
6	Amarelo e purpúreo	Branco	Branco	Vermelho

Tabela 5 - Cores das Pétalas de Lótus

Os desenhos dos *chakras* feitos pelos iogues hindus para o uso de seus pupilos são sempre simbólicos e não possuem nenhuma relação com a aparência real do *chakra*, exceto a indicação da cor e o número de pétalas. No centro de cada desenho, há uma forma geométrica, uma letra do alfabeto sânscrito, um animal e duas divindades, uma masculina e outra feminina. Reproduzimos na Figura 10, na página 115, desenho do *chakra* do coração, extraído de *The Serpent Power* de Arthur Avalon. Procuraremos explicar o significado dos vários símbolos.

AS FIGURAS DOS *CHAKRAS*

O objetivo do *Laya* ou *Kundalinī Yoga* é o mesmo de todas as outras modalidades de *Yoga* da Índia: unir a alma com Deus. Com esse propósito é sempre necessário fazer três tipos de esforço: de amor, pensamento e ação. Embora em uma escola particular de *Yoga* a força de vontade seja especialmente usada (como é o caso nos ensinamentos dos *Yoga-Sūtras*). Já nas instruções dadas por Shri Krishna para Arjuna, na *Bhagavad-Gitā*, um grande amor é principalmente prescrito. Mesmo assim, é sempre proclamado que o alcance deve ser feito em todas as três direções. Assim, Patañjali propõe que o candidato inicie com um curso de *tapas* ou esforço de purificação, *svādhyāya* ou estudo de coisas espirituais e *Ishvara pranidhāna* ou devoção a Deus o tempo todo. Sri Krishna, similarmente, depois de explicar a Seu pupilo que a sabedoria é o mais valioso instrumento de serviço, a maior oferenda que alguém pode fazer, acrescenta que ela só pode ser aprendida pela devoção, investigação e serviço, concluindo sua declaração com as significativas palavras: "Os Sábios, Videntes da Verdade, irão ensinar-te a sabedoria". Em *At the Feet of The Master (Aos Pés do Mestre)*[42], que é o epítome mais moderno do ensinamento oriental, a mesma triplicidade aparece, pois as qualificações incluem discernimento, a prática da boa conduta e o desenvolvimento do amor na direção de Deus, Guru ou Professor, e do homem.

Para entender os diagramas dos *chakras* usados pelos iogues indianos, deve-se ter em mente que eles têm o objetivo de ajudar o aspirante em todas essas três linhas de progresso. É necessário que ele adquira conhecimento sobre a constituição do mundo e do homem (o que nós agora chamamos de Teosofia) e que desenvolva profunda e forte devoção através da adoração da Divindade, enquanto ele está se esforçando para despertar as camadas internas da *kundalinī* e conduzi-la (pois essa força é sempre mencionada como uma deusa) em um passeio através dos *chakras*.

---

[42] KRISHNAMURTI, J. *Aos Pés do Mestre*. Brasília: Editora Teosófica, 9ª ed., 2018. (Nota Ed. Bras.)

Com estes três objetivos em vista, encontramos, em cada *chakra*, alguns símbolos relacionados com ensinamento e devoção, e não necessariamente precisam ser vistos como constituindo parte integrante do trabalho do *chakra*. Nos serviços – ou práticas coletivas de *Yoga* – da Igreja Católica Liberal, temos um exemplo ocidental da mesma coisa. Lá também nos esforçamos para estimular devoção e transmitir conhecimento espiritual, enquanto é praticada a magia envolvida nos ritos. Devemos também nos lembrar que, nos velhos tempos em que os iogues perambulavam ou habitavam a floresta, havia pouco recurso até mesmo para os livros escritos em folhas de palmeira daquela época, e, portanto, era necessário o auxílio mnemônico dos símbolos. Eles sentavam de tempos em tempos aos pés de seus gurus e podiam depois se lembrar e recapitular a Teosofia que haviam aprendido nestas ocasiões, com o auxílio de tais notas como as transmitidas pelos desenhos.

O *CHAKRA* DO CORAÇÃO

Será bastante difícil conseguir trazer aqui uma completa explanação da simbologia de todos esses *chakras*. Mas pode ser suficiente dar uma indicação do que é provavelmente denotado no caso do *chakra* do coração ou *Anāhata*, do qual a nossa Figura 10 é uma ilustração. Uma das maiores dificuldades, em nosso caminho, é que há várias interpretações da maioria desses símbolos, e que os iogues da Índia não se prontificam a responder ao inquiridor, erguendo um muro de pedra de falta de vontade de transmitir seus conhecimentos ou pensamentos para qualquer um, a não ser o estudante que se coloque em *statu pupillari* com o propósito estabelecido de se dar por completo ao trabalho do *Laya Yoga*, determinado, se necessário, a gastar sua vida inteira na tarefa para alcançar o sucesso.

Figura 10 - Diagrama hindu do *Chakra* Cardíaco

Este *chakra* é descrito nos versos 22 a 27 do *The Shatchakra Nirupana*, dos quais o que se segue é a tradução resumida de Avalon:

O Lótus do Coração é da cor da flor Bandhuka [vermelho] e em suas doze pétalas estão as letras *Ka* até *Tha*, com Bindu sobre elas, da cor vermelha. Em seu pericarpo está o Vāyu-Mandala hexagonal, de cor esfumaçada, e sobre ele Surya-Mandala, com o Trikona lustroso como dez milhões de lampejos de relâmpagos dentro dele. Sobre ele o Vāyu-Bija, de tonalidade esfumaçada, sentado em um antílope preto, com quatro braços e carregando o aguilhão (*ankusha*). No regaço de (Vāyu-Bija) está Isha, o de três olhos. Como Hamsa (Hamsabha), Seus dois braços

Os Chakras 115

estão estendidos no gesto de conceder dádivas e dissipar o medo. No pericarpo desse Lótus, sentado em um lótus vermelho, está Shakti Kakini. Tem quatro braços e carrega o laço (*Pasha*), a caveira (*Kapala*) e faz gestos para conceder as dádivas (*Vara*) e dissipar o temor (*Abhaya*). Sua tonalidade é dourada, está vestida em trajes amarelos e usa todas as variedades de joias, e uma grinalda de ossos. Seu coração é suavizado pelo néctar. No meio do *Trikona* está *Shiva* sob a forma de Vana-Linga, com a lua crescente e com Bindu em sua cabeça. É de uma cor dourada. Seu olhar é de júbilo e impetuoso desejo. Abaixo dele está Jīvātmā como Hamsa. É como a chama firme de uma lâmpada.

Abaixo do pericarpo desse Lótus, está o lótus vermelho de oito pétalas, com sua cabeça voltada para cima. É neste lótus (vermelho) que se encontra a árvore Kalpa, o altar de joias coberto por um toldo e decorado com bandeiras e coisas do tipo, que é o lugar da adoração mental.[43]

AS PÉTALAS E LETRAS

As pétalas de qualquer um desses lótus, como vimos, são feitas pela força primária, que irradia no corpo ao longo dos raios da roda. O número de raios é determinado pelo número de poderes pertencentes à força que vem através de um *chakra* em particular. Neste caso, nós temos doze pétalas, e as letras dadas a elas evidentemente simbolizam uma certa parte do total do poder criativo ou força vital entrando no corpo. As letras mencionadas aqui são de *Ka* ao *Tha*, tomadas na ordem regular do alfabeto sânscrito. Esse alfabeto é extraordinariamente científico – aparentemente nós não temos nada assim

---

[43] *The Serpent Power*, Arthur Avalon, 2ª ed., Texto, p. 64. (Nota Ed. Inglesa)

nas línguas ocidentais – e suas 49 letras são usualmente arranjadas da seguinte forma tabular, para a qual *ksha* é adicionada para suprir letras o suficiente para as cinquenta pétalas dos seis *chakras*.

16 vogais				
अ a, आ ā, इ i, ई ī, उ u, ऊ ū, ऋ ṛ, ॠ ṝ, ऌ ḷ, ॡ ḹ, ए e, ऐ ai, ओ o, औ au, अं ṁ, अः ḥ				

33 consoantes				
Guturais	क ka	ख kha	ग ga	घ gha	ङ ṅa
Palatais	च ca	छ cha	ज ja	झ jha	ञ ña
Cerebrais	ट ṭa	ठ ṭha	ड ḍa	ढ ḍha	ण ṇa
Dentais	त ta	थ tha	द da	ध dha	न na
Labiais	प pa	फ pha	ब ba	भ bha	म ma
Semivogais	य ya	र ra	ल la	व va	
Sibilantes	श śa	ष ṣa	स sa		
Aspirantes	ह ha				

Tabela 6 - Alfabeto em Sânscrito

Para o propósito do *Yoga*, esse alfabeto é considerado como se incluísse a soma total dos sons humanos, sendo, do ponto de vista da fala, uma expressão materialmente estendida do som ou Palavra criadora. Como a palavra sagrada *Aum* (o som que começa atrás da boca com um "a", atravessa o centro com um "u" e termina sobre os lábios em "m"), o alfabeto sânscrito representa toda a fala criativa e, portanto, um conjunto de poderes. Eles são designados como se segue: as dezesseis vogais para o *chakra* da garganta ou laríngeo, *Ka* ao *Tha* para o coração, *Da* ao *Pha* para o umbilical, *Ba* ao *La* para o esplênico, e *Va* ao *As* para o básico. *Ha* e *Ksha* são dados ao *chakra Ājñā*, e o Lótus *Sahasrāra* ou *chakra* coronário é tido como contendo vinte vezes todas as letras do alfabeto.

Não há razão aparente para que se atribua a cada *chakra* as letras mencionadas, mas há um aumento no número de poderes quando ascendemos aos *chakras*. É possível que os fundadores do sistema *Laya Yoga* tivessem um conhecimento detalhado desses poderes e utilizassem as letras de seu alfabeto para nomeá-los tal como nós usamos as letras do nosso alfabeto ao nos referirmos a ângulos em geometria, ou às emanações do rádio.

A prática da meditação nessas letras tem evidentemente algo a ver com alcançar "o som interior que mata o exterior", para usar uma frase de *The Voice of the Silence (A Voz do Silêncio)*. A meditação científica dos hindus começa com a concentração sobre um objeto retratado ou um som. Apenas quando a mente fixa-se firmemente sobre isso é que o iogue tenta passar para a percepção de seu significado superior. Assim, ao meditar sobre um Mestre, ele primeiro fixa a forma física e depois busca sentir as emoções do Mestre, entender seus pensamentos e assim por diante.

Na questão dos sons, o iogue procura transcender o som, tal como o conhecemos e expressamos, até sua qualidade interior e potência. Assim, isso é um auxílio para a passagem de sua consciência de plano em plano. Pode ser pensado que Deus criou os planos ao recitar o alfabeto e que a nossa palavra falada é a sua mínima espiral. Nesta forma de *Yoga*, o aspirante se esforça, através de uma absorção interna ou *laya*, para retornar à senda e então se aproximar do Divino. Em *Light on the Path (Luz no Caminho)*[44], nós somos exortados a ouvir a música da vida e tentar captar seus tons ocultos ou superiores.

---

[44] COLLINS, Mabel . *Luz no Caminho*, Brasília: Ed. Teosófica, 7ª ed., 2020. (Nota Ed. Bras.)

AS MANDALAS

A mandala hexagonal ou "círculo", que ocupa o pericarpo do lótus do coração, é tomada como símbolo do elemento ar. Cada *chakra* é considerado como estando especialmente conectado com um dos elementos: terra, água, fogo, ar, éter e mente. Estes elementos devem ser vistos como estados da matéria, não elementos como nós os entendemos em Química moderna. Eles são assim equivalentes aos termos sólido, líquido, ígneo ou gasoso, arejado e etérico; e são de alguma forma análogos aos nossos subplanos e Planos Físico, Astral, Mental, etc. Esses elementos são representados por certos *yantras* ou diagramas de caráter simbólico, que são dados como se segue em *The Shatchakra Nirupana*, e são mostrados dentro dos pericarpos dos lótus retratados.

Algumas vezes na lista a seguir o vermelho-alaranjado é dado no lugar de amarelo, azul no lugar de esfumaçado, e preto no lugar de branco no quinto *chakra*, embora seja explicado que preto significa índigo ou azul-escuro.

Chakra	Elemento	Forma	Cor
1	Terra	Um quadrado	Amarelo
2	Água	Uma lua crescente	Branco
3	Fogo	Um triângulo	Vermelho brilhante
4	Ar	Dois triângulos entrelaçados (uma figura hexagonal)	Esfumaçado
5	Éter	Um círculo	Branco
6	Mente	—	Branco

Tabela 7 – As Formas Simbólicas dos Elementos

Pode parecer curioso para o leitor ocidental que a mente deva ser colocada entre os elementos, mas para o hindu não parecerá, pois a mente é vista por ele como nada mais que um instrumento da consciência. O hindu tem uma maneira de olhar para as coisas de um ponto de vista muito elevado, frequentemente do ponto de vista da Mônada. Por exemplo, no sétimo capítulo da *Gitā*, Shri Krishna diz: "A terra, a água, o fogo, o ar, a Mente, a Razão, e também o Egoísmo, são a óctupla divisão de Minha natureza". Um pouco depois, Ele menciona: "Esta é a inferior, deves conhecer Minha outra natureza, a superior".

Esses elementos estão associados com a ideia dos planos, como antes explicado, mas não parece que os *chakras* estão especialmente conectados com eles. Porém, certamente, à medida que o iogue medita sobre esses elementos e seus símbolos associados em cada *chakra*, ele se lembra do esquema dos planos. Ele também pode descobrir essa forma de meditação como um meio para elevar seu centro de consciência, através dos níveis dos planos nos quais está por hora funcionando, até o sétimo ou o mais alto, e por ele até algo ainda maior.

Bastante distante da possibilidade de sair para um plano mais ascenço em plena consciência, nós temos aqui os meios de elevar a consciência de forma que ela possa sentir a influência de um mundo superior e receber impressões vindas de cima. A força ou influência então recebida e sentida é sem dúvidas o "néctar"do qual os livros falam, do qual nós vamos falar mais em conexão com a elevação da *kundalinī* desperta ao centro mais elevado.

OS *YANTRAS*

Em *Nature's Finer Forces*[45], Pandit Rama Prasad nos presenteia com um consciencioso estudo das razões das formas geométricas desses *yantras*. Ele apresenta explicações bastante extensas para serem reproduzidas aqui, mas nós podemos muito brevemente sumarizar algumas de suas ideias principais. Pandit argumenta que, assim como existe um éter luminoso, que é o portador da luz para os nossos olhos, também existe uma forma especial de éter para cada uma das outras formas de sensação: olfato, paladar, tato e audição. Estes sentidos são correlacionados com os elementos representados pelos *yantras*: olfato com o sólido (quadrado), paladar com o líquido (crescente), visão com o gasoso (triângulo), tato com o aéreo (hexágono) e a audição com o etérico (círculo). A propagação do som, argumenta Pandit Rama, ocorre na forma de um círculo, isto é, em radiações circulares. Por isso, o círculo no quinto *chakra*. A propagação da luz, diz ele, é na forma de um triângulo, pois um dado ponto na onda de luz se move um pouco para frente e também em ângulos retos à linha de progresso, de forma que, quando completa seu movimento, faz um triângulo. Por isso o triângulo no terceiro *chakra*. Ele argumenta que há um movimento no éter também no caso do tato, do paladar e do olfato, e dá razões para as formas que nós encontramos associadas a esses em seus respectivos *chakras*.

OS ANIMAIS

O antílope, por conta de sua rapidez com os pés, é um símbolo adequado para o elemento ar, e *bīja* ou mantra-semente (isto é, o som com o qual o poder que gover-

---

[45] *Op. cit.*, p. 2 *et seq.*, esgotado. (Nota Ed. Inglesa)

na esse elemento se manifesta) é dado como *Yam*. Essa palavra se pronuncia como a letra "*y*", seguida pela vogal neutra "*a*" (que é como o "*a*" na Índia" [em inglês]), e um som nasal posterior similar àquele que frequentemente ocorre na língua francesa. É o ponto sobre a letra que representa esse som, e neste ponto está a divindade a ser adorada neste centro – *Isha* de três olhos. Outros animais são: o elefante, associado com a terra, por conta de sua solidez, e com o éter, por causa de seu poder de suportar; o *makara* ou crocodilo que simboliza a água no segundo *chakra*; e o carneiro (evidentemente visto como um animal de fogo ou agressivo) no terceiro *chakra*. Para certos propósitos, o iogue pode imaginar-se sentado nestes animais e exercendo o poder que suas qualidades representam.

AS DIVINDADES

Há uma linda ideia em alguns desses *mantras*, que podemos ilustrar com referência à bem conhecida palavra sagrada *Om*. É dito que consiste em quatro partes: *a, u, m* e *ardhamatra*. Há uma referência a ela em *The Voice of Silence* (*A Voz do Silêncio*)[46], como se segue:

.... e poderá então repousar entre as asas da Grande Ave. Sim, suave é o descanso entre as asas daquilo que não nasce, nem morre, mas é o *Aum* através de eras eternas.

A Sra. Blavatsky, numa nota da mesma passagem, anota o seguinte sobre a Grande Ave:

---

[46] BLAVATSKY, H. P. *A Voz do Silêncio*. Brasília: Ed. Teosófica, 4ª ed., 2020, p. 96. (Nota Ed. Bras.)

Kala Hamsa, a Ave ou Cisne. Diz o *Nāda-bindu-Upa-nishad (Rig-Veda)* traduzido pela Sociedade Teosófica de Kumbakonam: "Considera-se a sílaba *A* como a asa direita da ave Hamsa, *U* a esquerda, *M* a cauda, e o *Ardha-mātrā* (meio metro) diz-se ser a sua cabeça.

O iogue, depois de alcançar a terceira sílaba em sua meditação, passa para a quarta, que é o silêncio que se segue. Ele pensa sobre a divindade neste silêncio. Nos diferentes livros, as divindades designadas aos *chakras* variam. Por exemplo, *The Shatchakra Nirupana* coloca *Brahmā*, *Vishnu* e *Shiva* no primeiro, segundo e terceiro *chakra* respectivamente, e diferentes formas de *Shiva* além deles, mas *The Shiva Samhita* e alguns outros trabalhos mencionam *Ganesha* (o filho de *Shiva* com cabeça de elefante) no primeiro, *Brahmā* no segundo, e *Vishnu* no terceiro. Aparentemente, são feitas diferenças de acordo com a seita do adorador.

Junto com *Isha*, no presente caso, temos como divindade feminina a *Shakti Kakini*. *Shakti* significa poder ou força. O poder do pensamento é descrito como *shakti* da mente. Em cada um dos seis *chakras* há uma dessas divindades femininas (*Dakini, Rakini, Lakini, Kakini, Shakini e Hakini*), que são, por alguns, identificadas com os poderes governando os vários *dhatus* ou substâncias do corpo. Neste *chakra*, *Kakini* está sentada no lótus vermelho. Diz-se que tem quatro braços (quatro poderes ou funções). Com duas de suas mãos faz o sinal de conceder bênçãos e de dissipar medos de forma análoga a *Isha*. Os outros dois seguram um laço (um símbolo que é outra forma da cruz *ankh*) e uma caveira (como símbolo, sem dúvidas, da morte da natureza inferior).

A MEDITAÇÃO DO CORPO

Algumas vezes as meditações usualmente prescritas para esses *chakras* são designadas para o corpo como um todo, como no seguinte extrato de *The Yogatattva Upanishad:*

Existem cinco elementos: terra, água, fogo, ar e éter. Para o corpo dos cinco elementos, existe uma concentração quíntupla. Dos pés aos joelhos é dito ser a região da terra. Ela é quadrilátera em forma, amarela em cor e tem a letra *La*. Deve-se realizar a meditação levando a respiração com a letra *La* ao longo da região da terra (dos pés aos joelhos) e contemplando *Brahmā* com quatro faces e de cor dourada.

A região da água estende-se dos joelhos ao ânus. A água é semilunar em forma, branca em cor e tem *Va* como sua *bija* (semente). Levando a respiração com a letra *Va* ao longo da região da água, deve-se meditar sobre o Deus *Narayana*, com quatro braços e uma cabeça coroada, cor de cristal puro, vestido em roupas laranjas e considerando-o imperecível.

A região do fogo está compreendida entre o ânus e o coração. O fogo é triangular em forma, de cor vermelha e tem a letra *Ra*, como sua *bija* ou semente. Elevando a respiração, feita resplandecente pela letra *Ra*, ao logo da região do fogo, ele deve meditar sobre *Rudra*, que tem três olhos, que concede todos os desejos, que é da cor do sol do meio dia, que é todo manchado com cinzas sagradas, e tem um semblante agradável.

A região do ar está compreendida entre o coração e o centro das sobrancelhas. É hexagonal, de cor preta, e brilha com a letra *Ya*. Levando a respiração ao longo da região do ar, ele deve meditar sobre *Ishvara*, o onmisciente, como possuindo faces em todos os lados...

A região do éter está compreendida entre o centro das sobrancelhas até o topo da cabeça. É circular em forma, de cor esfumaçada e brilhante com a letra *Ha*. Elevando a respiração ao longo da região do éter, deve-se meditar em *Sadashiva* da seguinte maneira: como produzindo felicidade, como da forma de *bindu* (uma gota), como o Grande *Deva*, como tendo a forma do éter, brilhando como puro cristal, vestindo a lua crescente, elevando-se em sua cabeça, como tendo cinco faces, dez mãos, três olhos, e um semblante agradável, como armado com todas as armas, como adornado com todos os ornamentos, como tendo a Deusa Uma na metade do corpo, como pronto para conceder favores, e como a causa de todas as causas.

Isso, em alguma extensão, confirma nossa sugestão de que, em alguns casos, os princípios sobre os quais nós somos solicitados a meditar são aplicados a partes do corpo puramente por propósitos mnemônicos, não com a intensão direta de afetar essas partes.

OS NÓS

No centro do lótus do coração ou *chakra* cardíaco, está figurado um trikona ou triângulo invertido. Isso não é um atributo de todos os centros, mas somente dos *chakras*: raiz, cardíaco e frontal. Há neles três *granthis* ou nós especiais, através dos quais a *kundalinī* tem que se romper no curso de sua jornada. O primeiro é algumas vezes chamado de nó de *Brahmā*; o segundo o de *Vishnu*; o terceiro o de *Shiva*. A ideia que esse simbolismo parece sugerir é a de que a penetração desses *chakras*, de alguma forma, envolve uma mudança especial de estado, possivelmente da personalidade até o Eu superior e deste para a Mônada, as regiões sobre as quais pode ser dito que esses Aspectos governam. Pode-se, entretanto, considerar esta verdade de um modo secundário ou subalterno, pois nós observamos que o *chakra* do coração recebe impressões do astral superior, o centro da garganta do mental e daí por diante. Em cada triângulo, a divindade é representada como um *linga*, ou instrumento de união. O *Jīvātmā* (literalmente, o ser vivente) apontando para cima "como a chama de uma lâmpada" é o Ego, representado como uma chama firme, provavelmente porque ele não se perturba pelos acidentes da vida material, como o faz a personalidade.

O LÓTUS SECUNDÁRIO DO CORAÇÃO

O pequeno lótus secundário representado bem abaixo do *chakra* do coração também é uma parte especial deste centro. Utiliza-se como local para meditação sobre a forma do guru ou Aspecto da Divindade que especialmente invoca ou é designada para o adorador. Aqui o devoto imagina uma ilha de gemas, contendo belas árvores e um altar para adoração, que é descrito da seguinte forma em *The Gheranda Samhita*:

Deixem que o devoto contemple que há um mar de néctar em seu coração; que no meio desse mar há uma ilha de pedras preciosas, cuja própria areia é de diamantes e rubis pulverizados; que em todos os seus lados há árvores Kadamba, carregadas com flores perfumadas; que próximo a essas árvores, como uma muralha, há uma coluna de árvores com floração, tais como a Malati, a Mallika, a Jati, a Kesara, a Champaka, a Parijata e a Padma; cuja fragrância está espalhada por toda parte da ilha. No meio desse jardim, que o iogue imagine uma linda árvore Kalpa, tendo quatro ramos, representando os quatro Vedas, e que ela está cheia de flores e frutos. Insetos estão lá zumbindo e cucos cantando. Abaixo da árvore, que ele imagine uma plataforma rica de gemas preciosas, sobre ela um trono caro incrustado de joias, e, neste trono, sentada a sua Divindade particular, como ensinado a ele pelo seu Guru. Que ele contemple da forma apropriada, ornamentos e veículos dessa Divindade.[47]

O adorador usa sua imaginação para criar essa linda cena de forma viva, até que ela fique envolvida em seus pensamentos e que ele se esqueça, inteiramente, por enquanto, do mundo exterior.

O processo não é, entretanto, completamente imaginativo, pois essa é uma forma de se obter contato constante com o Mestre. Assim como as imagens de pessoas, feitas por alguém que está no mundo-céu depois da morte, são preenchidas com vida pelos Egos dessas pessoas, também o Mestre preenche com a sua real presença a forma-pensamento produzida por seus discípulos. Através dessa forma, podem ser dadas real inspiração e algumas vezes instruções. Um exemplo interessante disso foi apresentado por um velho cavalheiro hindu que estava vivendo como um iogue em uma vila na presidência de Madras, que alegava ser um discípulo do Mestre Morya. Quando este Mestre estava viajando no sul da Índia anos atrás, Ele visitou a vila onde este homem vivia. O último se tornou Seu discípulo e declarou que não havia perdido seu Mestre depois que Ele fora embora, pois frequentemente aparecia e o instruía por um centro dentro dele.

Os hindus colocam muita ênfase sobre a necessidade de um Guru ou Mestre e eles O reverenciam grandemente quando Ele é encontrado. Constantemente reiteram a declaração que Ele deve ser tratado como divino. É dito em *The Tejobindu Upanishad*: "O limite mais longínquo de todos os pensamentos é o Guru". Eles sustentam que mesmo que alguém pense nas gloriosas qualidades do Ser Divino, a imaginação ainda ficaria aquém das perfeições do Mestre. Nós que conhecemos bem os

---

[47] *Op. cit.* VI, 2-8. Trans. Sri Chandra Vidyarnava. (Nota Ed. Inglesa)

Mestres percebemos a verdade disso. Seus discípulos encontram Neles elevações esplêndidas e gloriosas de consciência além de todas as expectativas. Não é que eles considerem o Mestre igual a Deus, mas o grau de Divindade que o Mestre alcançou ultrapassa em brilho suas concepções prévias.

EFEITOS DA MEDITAÇÃO NO CORAÇÃO

The Shiva Samhita descreve os benefícios que o iogue obtém através da meditação no centro do coração:

Ele recebe conhecimento imensurável, sabe o passado, o presente e o futuro; tem clariaudiência, clarividência e pode se mover pelo ar para onde quiser.

Ele vê os Adeptos e as Deusas conhecidas como *Yoginis*; obtém o poder conhecido como *Khechari* e conquista as criaturas que se movem no ar.

Aquele que diariamente contempla a oculta *Banalinga*, sem dúvidas obtém os poderes psíquicos chamados de *Khechari* (movendo-se no ar) e *Bhuchari* (indo à vontade por todo o mundo).[48]

Não é necessário comentar sobre as descrições poéticas dos vários poderes; o estudante irá ler nas entrelinhas. Mesmo assim, pode haver algo no significado literal de tais declarações, pois existem muitas maravilhas na Índia: os poderes misteriosos daqueles que caminham sobre o fogo e a maravilhosa e perfeita habilidade hipnótica demonstrada por alguns conjuradores que executam o famoso espetáculo da corda e realizações similares.

---

[48] *The Shiva Samhit*, V, 86-88. (Nota Ed. Inglesa)

KUNDALINĪ

Os iogues hindus, que escreveram os livros que chegam até nós, não estavam particularmente interessados nas características fisiológicas ou anatômicas do corpo, mas sim ocupados em praticar a meditação e despertar a *kundalinī* com o propósito de elevar suas consciências ou ascender para planos mais elevados. Essa pode ser a razão do motivo pelo qual pouco ou nada é dito nas obras sânscritas sobre a superfície dos *chakras*, mas muito sobre os centros na coluna vertebral e da passagem da *kundalinī* através deles.

A *kundalinī* é descrita com uma *devi* ou deusa tão luminosa quanto o relâmpago, que permanece adormecida no *chakra* raiz, enrolada como uma serpente três vezes e meia ao redor do *linga svayambhū* que lá existe, e fechando a entrada para o *Sushumnā* com sua cabeça. Nada é dito sobre a camada exterior estar ativa em todas as pessoas, mas esse fato é indicado na declaração que, "até mesmo quando ela dorme, mantém todas as criaturas que respiram".[49] Ela é dita ser o *Shabda Brahman* no corpo humano. *Shabda* significa palavra ou som. Nós temos aqui, portanto, uma referência ao Terceiro Aspecto do *Logos*. No processo de criação do mundo, esse som é dito ter sido emitido em quatro estágios. Provavelmente não devemos estar muito errados em associar isso com as nossas concepções ocidentais dos três estados "corpo, alma e espírito", e um quarto que é a união com o Divino ou Todo-espírito.

---

[49] *The Serpent Power*. (Nota Ed. Inglesa)

O DESPERTAR DA *KUNDALINĪ*

O objetivo dos iogues é despertar a parte adormecida da *kundalinī* e então causar a sua ascensão gradual pelo canal *Sushumnā*. Vários métodos são prescritos com esse propósito, incluindo o uso da força de vontade, métodos peculiares de respiração, *mantras* e várias posturas e movimentos. O *Shiva Samhita* descreve dez *mudras* que declara serem os melhores para esse propósito, muitos dos quais envolvem todos esses esforços ao mesmo tempo. Ao escrever sobre os efeitos de um desses métodos, Avalon descreve o despertar das camadas internas da *kundalinī* como segue:

> O calor no corpo então se torna muito poderoso, e a *kundalinī*, sentindo isso, desperta de seu sono, assim como uma serpente que sibila e se ergue ao sentir a pancada de um bastão. Então ela entra no *Sushumnā*.[50]

É dito que, em alguns casos, a *kundalinī* é despertada não só pela força de vontade, mas também por acidente – por uma pancada ou por pressão física. Eu ouvi um exemplo do tipo no Canadá. Uma senhora, que não sabia nada sobre esses assuntos, caiu dos degraus do porão em sua casa. Ela permaneceu por um tempo inconsciente e, quando acordou, se viu clarividente, capaz de ler os pensamentos passando pelas mentes de outras pessoas e de ver o que estava acontecendo em todos os cômodos da casa. Essa clarividência permaneceu com ela definitivamente. Pode-se presumir que, neste caso, ao cair, ela deve ter recebido uma pancada na base da coluna, exatamente em tal posição e de tal natureza, que abalou a *kundalinī* em atividade parcial; ou outro centro ou *chakra* pode ter sido artificialmente estimulado.

---

[50] *The Serpent Power*. (Nota Ed. Inglesa)

Às vezes os livros recomendam a meditação nos *chakras* sem o anterior despertar da *kundalinī*. Esse parece ser o caso nos seguintes versos do *The Garuda Purana*:

> *Mūladhāra, Svadhishthana, Manipūraka, Anāhata, Vishuddhi* e também o *Ājñā* são referidos como os seis *chakras.*
>
> Deve-se meditar, em ordem, nos *chakras*, sobre *Ganesha, Vidhi (Brahmā), Vishnu, Shiva, Jīva, Guru* e *Parabrahman*, todo-penetrante.
>
> Tendo adorado mentalmente em todos os *chakras*, com uma mente constante, deve-se repetir o *Ajapa-gayatri* de acordo com as instruções do Instrutor.
>
> Deve-se meditar no *Randhra*, com o lótus de mil pétalas invertido, sobre o abençoado Instrutor em *Hamsa*, cuja mão de lótus liberta do medo.
>
> Deve-se considerar o corpo como sendo lavado pelo fluxo de néctar de Seus pés. Tendo adorado de forma quíntupla, deve-se prostrar, cantando em Seu louvor.
>
> Então se deve meditar na *kundalinī* como se movendo para cima e para baixo, passando pelos seis *chakras*, colocada em três espirais e meia.
>
> Finalmente se deve meditar sobre o local chamado de *Sushumna*, que sai da *Randhra*; desse modo, se vai até o estado mais elevado de *Vishnu*.[51]

A ASCENSÃO DA *KUNDALINĪ*

Os livros fazem alusões ao invés de explicar o que acontece quando a *kundalinī* sobe pelo canal através de *Sushumnā*. Eles se referem à coluna vertebral como *Merudanda*, o cajado de *Meru*, "o eixo central da criação", presumivelmente do corpo. Nele, dizem, há o canal chamado de *Sushumnā*, dentro de outro, chamado de *Vajrini*,

---

[51] *Op. cit.*, XV, 72 76, 83-87. (Nota Ed. Inglesa)

e dentro dele ainda há um terceiro chamado de *Chitrini*, que é "tão fino quanto o fio de uma aranha". Sobre isso estão rosqueados os *chakras*, "como nós em uma vara de bambu".

A *kundalinī* sobe pelo *Chitrini* pouco a pouco enquanto o iogue usa sua força de vontade na meditação. Em um primeiro esforço ela pode não ir muito longe, mas no próximo ela vai um pouco mais distante, e assim por diante. Quando chega a um dos *chakras* ou lótus, ela o perfura, e a flor, que estava virada para baixo, agora vira para cima. Quando a meditação termina, o candidato leva a *kundalinī* de volta pelo mesmo caminho para dentro de *Muladhara*; mas, em alguns casos, ela é trazida de volta apenas até o *chakra* do coração e lá ela se retira no que é chamado de sua câmara mais íntima, a câmara do coração.[52] Vários livros assinalam que a *kundalinī* reside no *chakra* do umbigo. Nós nunca a vimos lá em pessoas comuns, mas essa declaração pode se referir àqueles que a despertaram antes, e assim possuem uma espécie de depósito do fogo-serpentino no centro.

É explicado que ao medida que a *kundalinī* ingressa e sai de cada *chakra*, no decurso de sua ascensão, na variedade de meditações mencionadas acima, ela recolhe em latência (daí o termo *laya*) as funções psicológicas desse centro. Em cada *chakra* em que ela entra, há uma grande intensificação da vida, mas como seu objetivo é alcançar o mais alto, ela prossegue para cima, até chegar ao centro mais elevado, o lótus *Sahasrāra*. Aqui, de acordo com com a simbologia, ela aproveita a bem-aventurança da união com seu senhor, *Paramashiva*. À medida que retorna por seu caminho, ela dá de volta a cada *chakra* suas faculdades específicas, mas muito mais aprimoradas.

---

[52] Veja *The Voice of the Silence*, Fragmento I. (Nota Ed. Inglesa). BLAVATSKY, H. P., *A Voz do Silêncio*. Brasília: Ed. Teosófica, 4ª ed., 2020, p. 105. (Nota Ed. Bras.)

Tudo isso descreve um processo de transe parcial pelo qual aqueles que meditam de forma profunda necessariamente passam, pois ao concentrar toda a nossa atenção em algum assunto sublime, nós cessamos temporariamente de prestar atenção aos vários sons e imagens que nos cercam e tocam. Avalon menciona que geralmente levam-se anos do começo da prática até se levar a *kundalinī* para o *Sahasrāra*, embora, em casos excepcionais, isso possa ser feito em um curto tempo. Com a prática vem a facilidade, de forma que um especialista, dizem, pode elevar e abaixar a *Shakti* em uma hora, embora tenha perfeita liberdade para permanecer o tempo que quiser no centro da coroa.

Alguns escritores dizem que à medida que a *kundalinī* ascende pelo corpo, esfria-se a parte do corpo onde ela não atinge. Sem dúvidas, esse é o caso em práticas especiais nas quais um iogue fica em transe por um longo período, mas não no emprego usual desse poder. Em *The Secret Doctrine*, Madame Blavatsky cita o caso de um iogue, que se encontrava em uma ilha perto de Calcutá, e que raízes haviam crescido ao redor de seus membros. Ela acrescenta que ele foi cortado, e no esforço de acordá-lo, tantos ultrajes foram infringidos em seu corpo, que ele morreu. Ela também menciona um iogue perto de *Allahadad* que, em função de propósitos, sem dúvida, bem entendidos por ele, permaneceu sentado sobre uma pedra por cinquenta e três anos. Seus chelas ou discípulos o lavavam no rio todas as noites e então o levantavam de volta. Durante o dia, sua consciência as vezes retornava para o mundo físico. Ele então falava e ensinava.[53]

---

[53] *Op. Cit*, Vol V. p. 554. (Nota Ed. Inglesa)

O OBJETIVO DA *KUNDALINĪ*

Os versos que concluem o *"Shatchakra Nirupana"* belamente descrevem a conclusão da jornada da *kundalinī*, como se segue:
A *Devi*, que é a *Shuddha-sattva*, atravessa os três *Lingas* e, tendo chegado a todos os lótus que são conhecidos como os lótus *Brahmanadi*, lá brilha com a plenitude de seu fulgor. Depois disso, em seu estado sublime, brilhante como um relâmpago e delicada como a fibra do lótus, ela se dirige para o brilhante *Shiva* flamígero cintilante, a suprema Bem-Aventurança, e, de repente, produz a bem-aventurança da Libertação.
A linda *Kundali* sorve o excelente néctar vermelho emitido de *Para Shiva* e retorna de lá, onde brilha a Bem-Aventurança Eterna e Transcendente em toda a sua glória, ao longo do caminho de *Kula*, e ingressa em *Muladhara*. O iogue que tenha ganho a firmeza da mente faz oferenda (*Tarpana*) para o *Ishta-devata* e para os *Devatas* nos seis *chakras*, *Dakini* e outros, com essa corrente de néctar celestial que é o receptáculo de *Brahmanda*, conhecimento que ele ganhou através da tradição dos Gurus.
Se o iogue que é devotado ao Lótus aos Pés de seu Guru, com o coração imperturbável e com a mente concentrada, lê este trabalho, que é a suprema fonte de conhecimento da Libertação e é perfeito, puro e o mais secreto, então certamente sua mente dança aos Pés de seu *Ishta-devata*.[54]

---

[54] *Op. cit.*, VV. 51, 53,55. (Nota Ed. Inglesa)

CONCLUSÃO

Como nós, os hindus sustentam que os resultados do *Laya Yoga* podem ser alcançados pelos métodos de todos os sistemas de *Yoga*. Nas sete escolas da Índia, e entre os estudantes no Ocidente, todos aqueles que entendem corretamente estão mirando no mais alto objetivo do desenvolvimento humano, na liberdade que é maior que a libertação, porque ela inclui não apenas a união com Deus em reinos superiores, além da manifestação terrena, mas também aqueles poderes em cada plano que tornam o homem um *Adhikari Purusha*, um ministro ou obreiro a serviço do Divino; no trabalho de elevar os milhões que labutam da humanidade para a glória e para a felicidade que aguardam todos nós.

OM, AIM, KLIM, STRIM.

Fone:61 3344.3101